KB066648

# 생각 정리의
# 힘

같은 시간, 다른 결과를 만들어내는 마법

심은정 지음

# 생각 정리의 힘

북 카라반
CARAVAN

'여유 넘치는 하루'의 비결

누구에게나 똑같이 하루는 24시간이 주어집니다. 누군가에게는 생각한 대로 일이 잘 풀리는 하루일 수도, 또 다른 누군가에게는 '멘탈'이 무너지는 피곤한 하루일 수도 있습니다. 우리에게는 똑같이 주어진 시간을 어떻게 보낼지에 대한 선택권이 있습니다. 계획적이고 여유 넘치는 하루, 또는 정신없이 바쁘기만 한 하루. 여러분은 매일 어떤 선택을 하며 지내고 계신가요? 아마도 많은 분이 하루를 정신없이 바쁘게 보내고 있다고 답하실 것입니다. 자신의 의지와는 다르게 선택할 수조차 없다는 말과 함께 말입니다.

직장인들의 하루를 생각해 볼까요? 힘들게 일어나 쫓기듯 출근해서 오늘 당장 처리해야 할 업무에 먼저 뛰어듭니다. 이렇게 내 업무에만 집중할 수 있다면 참 좋겠지만, 왜 메일은 계속 쏟아지고 요청 사항들은 어찌나 많은지요. 어디 그뿐인가요? 팀 회의에 거래처 미팅에 기획서에, 보고서도 써야 하고 결재도 받아야 합니다. 상사가 내 기획서를 보고 한 번에 통과시켜 주면 좋겠지만 트집만 잡습니다. 그 와중에 업무 실수라도 발견되면 상사에게 질책당하고 내 자존심은 바닥을 치고 맙니다. '칼퇴근'은 아득히 멀어져만 가죠. 이런 하루, 생각만 해도 끔찍합니다. 여러분은 이토록 끔찍한 하루를 매일 그저 버티고만 계신가요? 일하는 시간이 이토록 끔찍한데 삶이 과연 만족스러울 수 있을까요?

생각이 정리되지 않아 답답하고 복잡한 하루하루를 보내는 것은 비단 직장인만의 문제가 아닙니다. 혼자 힘으로 경영하는 자영업자, 공부와 과제뿐 아니라 취업 준비도 해야 하는 학생들, 집안일과 아이들을 돌보는 전업주부 등 많은 사람이 고민하는 문제입니다. 우리가 깨어 있는 시간 가운데 많은 비중을 차지하는 '일'을 하는 시간, 이제부터라도 수월하게 잘해 봅시다. 어떻게 하냐고요?

생각을 정리하면 됩니다. 사람들은 대체로 당장 눈앞에 보이는 아웃풋에만 집착합니다. '생각하는 시간'을 생산적이지 않다고 여기고, 그보다 즉각적인 행동을 더 우선합니다. 이렇게 일을 처리하다 보면 머릿속은 늘 복잡하고 일에 쫓기는 신세가 되고 맙니다.

업무를 처리할 때나 글을 작성할 때, 누군가와 커뮤니케이션을 할 때, 어려운 문제를 해결해야 할 때, 진정으로 원하는 것을 찾고 싶을 때 등 생각을 정리해야 하는 순간은 늘 찾아옵니다. 이럴 때 머릿속이 깔끔하게 정리돼 있다면 어떨까요? 명쾌하고 순조롭게 일이 술술 풀릴 것입니다. 생각을 정리하면 일을 효율적으로 하게 됩니다. 그 결과 일을 예정된 시간보다 빠르게 처리하고 그만큼의 시간을 다른 일에 활용할 수 있습니다. 일하는 과정에서 실수도 확연히 줄어들고요. 직장인이라면 여유로운 직장 생활과 퇴근 이후의 삶도 보장받습니다. 결과적으로 내 삶을 보다 더 풍요롭게 만듭니다.

이미 여러분 중 누군가는 생각을 정리하기 위해 다양하게 시도해 보셨는지도 모릅니다. 메모 기술을 익히거나 시간 관리법, 기획과 관련된 다양한 책을 찾아보고, 생각 정리에 도움이 된다는 방법들을 따라해 보기도 하셨을 것입니다. 하지만 이런 방식들을 온전히 소화해서 내 것으로 만들기란 쉽지 않았을 것입니다. 실생활에서 어떻게 적용해야 할지 어렵고 막막했기 때문이었겠죠.

이 책은 우리에게 흔히 발생하는 다양한 일을 생각 정리를 통해 효율적으로 해결하는 방법에 대해 다루었습니다. 복잡하고 어려운 이론이 아닌, 쉽게 이해하고 활용할 수 있는 생각 정리 방법을 구체적으로 이야기합니다. 누구나 실전에서 바로 써먹도록 하는 데 중점을 두었습니다. 모쪼록 이 책이 여러분의 복잡한 머릿속을 시원하게 정리하는 데 도움이 되기를 진심으로 희망합니다. 생각 정리를 통해 효율적이고 스마트한 생활, 이로써 누릴 수 있는 여유, 궁극적으로 행복한 삶을 만들어 나갈 여러분을 뜨겁게 응원합니다.


심은정

차
례

— 1장 —

## 단순한 생각 정리가 불러올 특별한 아웃풋

## 4장

# 핵심을 찌르는 글쓰기를 위한 생각 정리

## 5장

# 말을 잘하기 위한 생각 정리

─ 6장 ─

## 인생 전반을 위한 생각 정리

들어가기

강 팀장과
하 팀장의
같은 시간
다른 느낌

강 팀장과 하 팀장은 직장 동료로, 서로 다른 팀을 이끌고 있는 리더입니다. 지금은 팀장급들이 모여 아침 회의를 하는 시간입니다. 강 팀장의 단정하면서도 깔끔한 와이셔츠와 여유 넘치는 미소에서는 뭔가 모를 반짝임이 느껴지는 듯하네요. 강 팀장의 말투는 늘 분명하고 자신감 또한 넘칩니다. 스피치 연습이라도 하고 오는 것일까요? 그가 제시하는 의견을 듣고 있자면 마치 모든 준비를 끝마친 것처럼 주저함이 없어 보입니다.

그렇다면 하 팀장은 어떨까요? 하 팀장의 눈은 매우 무겁고 자꾸 내려앉는 듯한 느낌이 듭니다. 어제 점심에 먹은 음식을 증명이라도 하듯 김치찌개를 먹다 튄 국물 자국이 와이셔츠에 그대로 남아 있네요. 본부장이 하 팀장에게 의견을 묻습니다. 집중이 되지 않아 멍하니 있다 보니 회의의 흐름조차 파악하기 힘들어 보입니다. 눈치껏 대충 얼렁뚱땅 대답하고 위기를 넘깁니다. 회의가 막바지에 이르고, 본부장이 각 팀의 역할에 대해 이야기할 때쯤 돼서야 겨우 정신을 차리고 임무를 다이어리에 끄적거린 뒤 회의실을 나섭니다.

그 후의 상황은 너무나 쉽게 예측이 됩니다. 강 팀장은 그의 팀원들에게 정확한 목표를 제시하고, 예상되는 성과와 보상을 어필해 팀원들의 의욕을 불태울 것입니다. 반면에 하 팀장은 팀원들의 업무를 대충 분배해 떠넘기듯 나눠 주고 자리에 풀썩 주저앉을 것입니다. 이번 회의도 무탈하게 잘 넘겨서 다행이라는 안일한 생각과 함께 말이죠. 그러나 강 팀장과 하 팀장의 이런 모습은 서로 다른 성과가 증명해 줄 것이고, 반복되는 성과 차이는 곧 하 팀장을 강 팀장과 함께하는 회의에 참석할 수조차 없는 신세로 내몰아 버릴지도 모릅니다.

이들이 입사할 때 모습은 서로 별반 다르지 않았습니다. 일에 적극적이고 인간관계도 좋아 보이던 하 팀장이 오히려 더 주목받기도 했습니다. 그런데 지금은 어떤가요? 과연 무엇이 이들을 이렇게 서로 다른 모습으로 변화시켰을까요?

하 팀장이 이렇게 되기까지는 여러 이유가 있습니다. 일단 집에서 회사까지의 거리가 너무 멉니다. 출퇴근 시간이 길다 보니 출근길에 피곤함을 잔뜩 안고 회사로 들어갑니다. 또 팀원들이 너무 무능한 듯합니다. 뭔가 의욕이 없어 보이고 하 팀장을 무시하는 듯한 느낌도 들고요. 업무량은 어떨까요? 일이 너무 많다 보니 야근은 이제 너무나 당연하게 느껴집니다. 너무 좋은 인간성도 문제입니다. 어쩌다 한번 일찍 퇴근하는 날에는 꼭 저녁 모임이 생겨 술을 마시게 되니까요. 이유를 찾고자 하니, 너무나 많습니다. 하지만 결론부터 말하자면 이 이유들은 모두 핑계일 뿐입니다. 그럼 하 팀장을 이렇게 만든 진짜 이유는 무엇일까요? 그 이유는 바로 '아침'입니다.

아침이 이유라니 대체 무슨 말인가 싶으시죠? 일단 이들이 맞이하는 아침 시간을 살펴봅시다. 하 팀장이 시끄럽게 울리는 알람 소리에 이불 밖으로 손을 겨우 내밀어 알람을 끄고 '10분만 더'를 외치며 다시 눈을 감을 때, 강 팀장은 이미 집 근처 공원을 산책하면서 자연을 느끼고 있습니다. 하 팀장이 두 번째 알람을 다시 끄면서 이토록 빨리 찾아온 아침을 원망하고 있을 때, 강 팀장은 오늘 하루를 어떻게 보낼지 계획을 세우고 있습니다. 하 팀장이 겨우 잠자리를 빠져나와 세수를 할 때쯤, 강 팀장은 이미 가족들과 아침 식사를 마친 뒤 한산한 지하철을 도서관 삼아 책을 읽으며 출근길을 즐기고 있습니다. 하 팀장이 아침 먹을 시간도 없이 쫓기듯 뛰어나와 사람들로 꽉 찬 지하철 손잡이에 매달려 힘겨워할 때, 강 팀장은 이미 사무실 책상에 앉아 하루 스케줄을 살피고 회의 안건을 점검하고 있습니다. 하 팀장이 출근 시간에 맞춰 아슬아슬하게 들어올 때, 강 팀장은 이미 동료들과 회의실에서 차를 마시며 회의 시작을 기다리고 있습니다.

이러다가 곧 하 팀장이 강 팀장을 상사로 모시게 될 날이 올 것만 같습니다. 아니면 머지않아 후배들이 하 팀장의 자리를 대신할지도 모릅니다. 하 팀장은 점점 위기감을 느낍니다. 이제 하 팀장은 어떻게 해야 할까요? 강 팀장처럼 일찍 일어나 아침을 맞이하면 될까요? 그러나 일찍 일어나기만 하면 모든 일이 순조롭게 풀릴까요? 설령 그렇다고 해도 갑자기 기상 시간을 바꾸는 것이 과연 가능할까요?

## 하 팀장의 생각 정리

하 팀장은 변화가 필요하다고 느꼈습니다. 먼저 아침을 일찍 맞이하면 어떤 점들이 좋을지 생각해 보기로 했습니다.

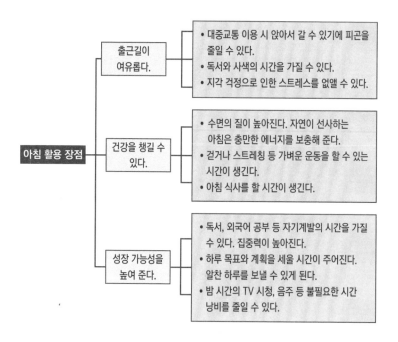

하 팀장은 그동안 '일찍 일어나면 쫓기듯 출근하지 않겠지. 영어 공부도 좀 할 수 있을 테고'라고 막연하게 생각해 왔습니다. 그런데 이렇게 생각을 정리하고 보니, 하루를 일찍 시작하면 생각보

다 더 많은 것을 얻는 것 같습니다. 콩나물시루 같은 지하철에서 벗어나 사색의 시간을 가질 수 있고 건강을 챙길 수 있으며, 하루의 계획을 세우거나 맑은 정신으로 자기계발을 할 방법은 아침 시간을 활용하는 것뿐이라는 생각이 강하게 들었습니다.

평소에 하 팀장은 야근을 자주 해 집에 들어가면 밤 10시, 11시는 기본이었습니다. 씻고 TV를 보면서 맥주 한 캔 마시면 시계는 새벽 1시를 가리켰죠. 술 약속이 있는 날은 자야 할 시간에 집에 들어가는 일이 다반사였습니다. 누워서 스마트폰으로 기사라도 좀 챙겨 보면 새벽 1시 반. 그때서야 겨우 잠자리에 들곤 했습니다. 기상 시각은 아침 7시 30분. 하루 여섯 시간의 수면은 지키기 위해 나름 노력해 오던 그였습니다. 여섯 시간보다 적게 자면 다음 날 생활하기가 힘들 것 같고, 그 이상으로 자기엔 시간이 아깝다고 생각했기 때문입니다. 물론 여섯 시간 자고도 늘 피곤하고 눈을 뜨는 것이 쉽지 않았지만요.

하 팀장은 바로 '아침형 인간' 프로젝트에 돌입했습니다. 같은 여섯 시간의 수면이라도 이제부터는 밤 11시부터 새벽 5시로 정했습니다. 그러려면 야근을 줄이고 불필요한 저녁 약속도 없애야 합니다. 다음 날부터 일찍 일어나기로 마음먹고, 오늘 다 하지 못한 일을 내일 일찍 출근해 마무리하겠다고 다짐한 뒤 모처럼 '칼퇴'

를 하고 집으로 곧장 들어왔습니다. 먼저 씻고, 여유로우면서도 어색한 저녁 식사까지 다 마치고 시계를 보니 겨우 8시 30분. 잘 시간까지는 아직 두 시간이 넘게 남았습니다. 내일 아침 일찍 일어나야 하니 오늘은 무리하지 않고 휴식을 취하면서 남은 시간을 보내기로 합니다. TV도 보고 스마트폰도 만지작거리며 지내다 보니 금방 11시가 되었습니다.

빨리 자야겠다고 마음먹고 바로 잠자리에 들었습니다. 그런데 이게 어찌된 일일까요? 하 팀장은 몸이 천근만근이고 머리도 멍한 상태였기에 금방 잠들 줄 알았지만, 쉽게 잠들지 못해 무척 애를 먹었습니다. 게다가 다음 날 일찍 일어나야 한다는 압박감이 그를 더 잠 못 들게 했습니다. 눈을 뜨지 않고 양 한 마리, 양 두 마리를 계속 세며 열심히 노력했는데도 잠드는 것이 결코 쉽지 않았습니다. 결국 몇 시간을 멍하니 있다가 언제인지 모르게 잠이 들었습니다. 다음날 새벽 5시에 알람이 울렸지만 눈이 떠지지 않았습니다. 더 생각할 것도 없이 얼른 알람 해제 버튼을 누르고 다시 잠들고 말았습니다. 다행히 이전에 맞춰 두었던 알람이 7시 반에 울려 겨우겨우 일어나 출근 준비를 했지만, 마치 밤을 샌 것과 같이 피곤하기만 했죠. 그런 날이 이어지자 점차 초조해지기 시작했습니다.

하 팀장은 이대로는 안 되겠다 싶어 민망함을 무릅쓰고 입사 동기인 강 팀장에게 조언을 구하기로 했습니다. 강 팀장은 "오늘은 퇴근 후 회사 근처에서 저녁을 먹고, 집까지 걸어서 가 봐. 집에 도착해서는 잠들 때까지 아무것도 먹지 말고, 따뜻한 물로 목욕도 하고." 이렇게 말하며 힘내라는 듯 강력한 눈빛을 보내왔습니다. '집까지 걸어가려면 대략 세 시간은 걸리는데 이게 가능한 일일까? 내가 요새 저질 체력인 걸 알면서 약을 올리나?' 별별 생각이 다 들었지만, 강 차장의 진실한 눈빛을 한번 믿어 보기로 했습니다.

퇴근 후 하 팀장은 걸어가면서 강 팀장 말을 믿은 자신을 원망했습니다. 고작 20분 정도 걸었을 뿐인데 숨이 턱턱 막히고 다리가 후들거렸기 때문이었죠. 속으로 욕을 해대면서도 '이왕 이렇게 된 거 하루라도 제대로 해 보자'는 심정으로 버티고 또 버티며 겨우 집에 도착했습니다. 온몸은 땀으로 젖고 다리는 풀려 버렸습니다. 힘을 내서 따뜻한 물로 씻고 10시 반쯤 침대에 누웠습니다. 효과는 바로 나타났습니다. 온몸이 나른해지면서 스르르 잠이 들고 말았습니다. 다음 날 일찍 눈을 뜬 하 팀장은 참으로 오랜만에 아침의 상쾌한 기분을 느꼈습니다. 다리가 좀 뻐근하긴 했지만 기분 좋은 아픔이었죠. 깊은 잠을 자고 일어난 뒤 맑은 머리와 건강한 몸을 선물 받은 듯 무척 개운한 느낌이 들었습니다.

하 팀장은 이른 아침이 주는 이 행복한 느낌을 계속 유지하고 싶어졌습니다. 이렇게 맑은 머리로는 무엇이든 할 수 있을 것만 같았습니다. 막연히 일찍 일어나기에 도전해 왔던 모습에서 더 나아가 '아침 시간 활용으로 더 성장하기' 프로젝트에 돌입했습니다. 이번에는 자신뿐 아니라 팀원들까지도 독려하기로 마음먹었습니다. '아침을 일찍 맞이하면 좋은 점(WHAT 트리-무엇이 좋을까)'만 찾

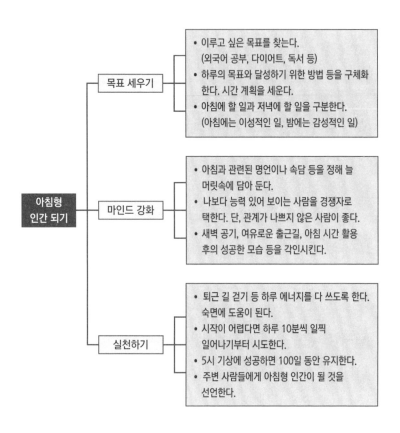

아침형
인간 되기

목표 세우기
- 이루고 싶은 목표를 찾는다.
  (외국어 공부, 다이어트, 독서 등)
- 하루의 목표와 달성하기 위한 방법 등을 구체화
  한다. 시간 계획을 세운다.
- 아침에 할 일과 저녁에 할 일을 구분한다.
  (아침에는 이성적인 일, 밤에는 감성적인 일)

마인드 강화
- 아침과 관련된 명언이나 속담 등을 정해 늘
  머릿속에 담아 둔다.
- 나보다 능력 있어 보이는 사람을 경쟁자로
  택한다. 단, 관계가 나쁘지 않은 사람이 좋다.
- 새벽 공기, 여유로운 출근길, 아침 시간 활용
  후의 성공한 모습 등을 각인시킨다.

실천하기
- 퇴근 길 걷기 등 하루 에너지를 다 쓰도록 한다.
  숙면에 도움이 된다.
- 시작이 어렵다면 하루 10분씩 일찍
  일어나기부터 시도한다.
- 5시 기상에 성공하면 100일 동안 유지한다.
- 주변 사람들에게 아침형 인간이 될 것을
  선언한다.

을 것이 아니라, '아침형 인간이 되려면 어떻게 하는 것이 좋을지(HOW 트리-어떻게 할까)'를 생각해 보기로 했습니다.

1년 동안 꾸준히 실천한 결과는 놀라웠습니다. 하 팀장이 맡고 있는 팀의 실적이 강 팀장의 팀 실적을 훨씬 더 넘어섰기 때문입니다. 팀원들도 아침형 인간으로 삶의 패턴을 바꿨기에 시너지 효과가 난 것입니다. 그동안 강 팀장이 맡고 있는 팀으로 가고 싶어서 안달하던 팀원들도 이제는 하 팀장과 일하는 것에 꽤 만족해하는 눈치입니다. 아침에 대한 생각 정리와 꾸준한 실천은 하 팀장을 이전과 완전히 다른 삶을 살도록 변화시켜 준 것입니다.

# 1

단순한
생각 정리가
불러올
특별한 아웃풋

# 뇌가 좋아하는
# 방식으로 파악하기

**내가 쓴 메모에 얼마나 확신이 있나요?**

어지러운 방을 정리하면 기분도 좋고 상쾌해집니다. 내 머릿속에 있는 생각들도 방을 정리하듯 깔끔하게 정리해서 상쾌한 기분을 느낄 방법은 없을까요? 그동안 복잡한 생각을 정리하기 어려워 고생하신 여러분들! 지금까지 생각을 정리하기 위해 계속 생각만 하거나 글로 써서 정리하는 방법도 시도해 봤겠지만 좀처럼 쉽지 않았을 것입니다.

그렇다면 생각 정리를 문자로 하는 것이 어려운 이유는 무엇일까요? 첫째, 문장은 복잡해서 단번에 내용을 파악하는 것이 어렵습니다. 우리는 학교에서 받아쓰기를 하면서 쓰는 법을 배웠습니다. 성인이 된 뒤에도 학교에서 그럭저럭 잘 써 왔던 방식을 무의식적으로 계속 쓰고 있죠. 듣거나 봤던 내용을 잊어 버릴까 두려워 일단 최대한 많이 써 놓고, 나중에 배운 것을 복습할 때 적어 놓은 것을 다시 이해하려고 노력합니다. 시간이 지난 뒤, 과연 메모를 보고 완벽하게 떠올릴 수 있을까요? 메모한 내용을 얼마나 제대로 활용할 수 있었나요? 자신이 직접 쓴 메모를 알아보기 힘들어 불평했던 경험이 다들 있을 것입니다.

문자로 내용을 정리하려면 주어와 서술어가 필요합니다. 주어와 서술어 없이 단어만 적어 놓으면 나중에 봤을 때 의미를 파악하기 힘듭니다. 따라서 문장 속에 같은 단어가 계속 나오더라도 생략할 수가 없습니다. 이를 다 적는 것은 상당히 비효율적입니다. 또 문장으로 메모하면 간단한 것도 복잡해지곤 합니다. 문자는 온갖 다양한 단어의 조합으로 만들어져 있습니다. 본래 간단한 내용이었어도 문장으로 표현하려다 오히려 복잡해지기도 합니다. 본래의 모습이 어찌되었든 자신과 타인에게 어려운 문제로 다가온다면 문제 해결을 위한 사고력까지 멈추게 됩니다.

## 뇌가 좋아하는 방식이란?

생각 정리를 문자로 하기 어려운 둘째 이유는 시각에 있습니다. 사람이 정보를 처리하는 데에는 시각이 큰 비중을 차지하기 때문입니다. 다음은 두산백과에 나와 있는 한 꽃에 대한 설명입니다. '꽃은 4~5월에 한 개씩 위를 향하여 빨간색·노란색 등 여러 빛깔로 피고 길이 7센티미터 정도이며 넓은 종 모양이다. 화피는 위로 약간 퍼지지만 옆으로는 퍼지지 않으며 수술은 여섯 개이고 암술은 2센티미터 정도로서 원기둥 모양이며 녹색이다.' 어떤 꽃일까요? 이 꽃은 바로 튤립입니다. 물론 한 번 읽어 보고 정답을 맞힌 분도 있을 것입니다. 그런데 대부분은 어렵게 느껴졌을 것 같네요. 만약 이런 설명 대신 튤립 사진이나 그림을 보여 주었다면 어땠을까요? 누구나 쉽게, 그리고 빠르게 정답을 알았을 것입니다. 쭉 읽어 볼 시간조차 필요 없었을 테죠.

어떤 정보에 대해 문자만을 보고 금방 떠올리지 못하는 이유는 무엇일까요? 바로 우리 뇌가 문자보다 이미지를 더 좋아하기 때문입니다. 즉, 뇌가 문자보다 이미지를 더 선호하기 때문이죠. 그 이유는 무엇일까요? 『마법의 냅킨』의 저자 댄 로암Dan Roam은 '사람의 감각기관이 정보를 저장하고 처리하는 과정에서 시각이 75퍼센트를 차지한다'라고 말합니다. 이 외에도 구체적인 퍼센트는 약간씩 다르지만, 정보 습득에 가장 중요한 항목으로 대부분 시각을 꼽고 있습니다.

우리 뇌에는 이미지화된 정보가 많이 있습니다. 그렇기에 이미지로 보여 주면 한 번에 알아보고 이해하기도 쉬워지죠. '백문이 불여일견'이라는 말처럼 백 번 듣는 것보다 한 번 보는 것이 훨씬 더 나을 수 있습니다. 이렇듯 머릿속의 생각도 시각적으로 표현하면, 우리의 두뇌가 무작위로 받아들인 정보를 더 쉽게 조직화할 수 있습니다. 생각을 체계적으로 정리하게 되죠. 또한 주제의 전체적인 구조를 한눈에 파악하기도 쉬워집니다. 따라서 폭넓게 생각하고, 결국엔 놀라운 창의력까지 발휘하게 됩니다.

비즈니스 검토에서 기본적으로 사용되는 개념으로 MECE Mutually Exclusive and Collectively Exhaustive라는 용어가 있습니다. '미씨'라고 불리는 MECE는 누락과 중복이 없는 상태를 의미합니다. 즉, 각 항목끼리는 독립적이어야 하고Mutually Exclusive, 각 항목들을 합치면 전체가 되어야 한다Collectively Exhaustive는 뜻입니다. 만약 어떤 정보에 누락이 있다고 가정해 봅시다. 누락된 부분을 찾아내서 보완하기 위해서는 먼저 전체 내용을 파악하고 검토해야만 합니다. 중복된 내용이 있을 때도 마찬가지입니다. 추후에 그것을 정리하려면 많은 검토가 필요합니다.

문장으로 이루어진 자료를 보고는 빠지거나 중복되는 부분을 발견하기 어렵습니다. 시간 또한 오래 걸리고요. 문장으로 표현하는 대신, 비슷한 항목끼리 덩어리로 묶어서 표현하거나 표를 활용하는 등의 방법을 사용한다면 어떨까요? 문장으로는 알아차리기 힘든 누락과 중복이 훨씬 명백하게 잘 드러날 것입니다.

사람의 뇌는 성인 기준으로 무게가 몸 전체의 2퍼센트에 불과하지만, 전체 에너지의 20퍼센트를 사용한다고 알려져 있습니다. 신경을 집중해 일을 마치고 난 뒤 극심한 피로를 느끼는 이유도 그만큼의 큰 에너지가 소모되었기 때문입니다. 평소 이렇게 고강도로 시달리는 뇌는 어떻게든 최대한 높은 효율을 내기 위해 최선을 다합니다. 사소한 자극은 금방 잊어 버리거나 주의를 기울이지 않습니다. 주의를 기울인다 해도 가능한 복잡하지 않고 간단하게 지각하길 원하죠.

게슈탈트Gestalt 심리학에서는 인간은 자신이 본 것을 조직화하려는 기본 성향을 가지고 있으며, 전체는 부분의 합 이상이라는 점을 강조합니다. 게슈탈트는 독일어로 형태, 모양이라는 의미를 시각적으로 형상화한 개념입니다. 뇌는 아무렇게나 펼쳐져 있는 것들이라도 가능하면 규칙이 있는 묶음 형태로 해석하고 싶어 합니다. 부분을 따로따로 인식하는 것이 아니라 하나의 의미 있는 전체로, 가능하면 좋은 형태로 보기 위해 노력한다는 것입니다. 이는 우리 뇌가 좋아하는 방식입니다. 그러므로 뇌가 좋아하는 방식으로 생각하지 않으면 생각을 명쾌하게 정리하기 힘듭니다. 생각이 명쾌하지 않으면 매사 흐지부지한 결과만 낳게 될 것입니다. 빡빡한 업무 스케줄과 피곤에 지친 몸과 함께 말이죠. 이제부터는 뇌가 좋아하는 방식으로 생각을 정리해 봅시다.

## 천재들이 사고하는 방법

생각 정리가 문자로 어려운 셋째 이유입니다. 자폐증 천재들인 알베르트 아인슈타인Albert Einstein, 레오나르도 다 빈치Leonardo da Vinci, 파블로 피카소Pablo Picasso, 스티브 잡스Steve Jobs도 이미지를 활용해서 엄청난 결과들을 냈다는 점입니다.

우리는 학교에서 교과서와 자습서, 프린트물 등 대부분 문자로 이루어진 자료들로 공부해 왔습니다. 좌뇌는 텍스트 정보를 담당합니다. 문자로 이루어진 것들은 논리와 언어, 분석적 사고를 담당하는 좌뇌의 발달을 돕죠. 그러나 텍스트 정보들은 감성과 이미지,

영상과 소리 등의 비언어 정보들과 종합적 사고를 담당하는 우뇌의 발달에는 별 도움이 되지 못합니다. 따라서 키워드를 베껴 쓰는 작업만을 지속한다면 좌뇌는 발달하는 반면 우뇌는 움직이지 않게 됩니다.

일반적으로 우뇌의 기억력은 좌뇌의 백만 배 이상이라고 알려져 있습니다. 자폐증에 관한 영화나 다큐멘터리를 본 적이 있나요? 그렇다면 자폐증이나 지적장애를 가진 사람이 암산, 음악, 퍼즐 맞추기 등 특정 분야에서 매우 우수한 능력을 발휘하는 모습을 본 기억이 있을 것입니다. 그들이 그런 능력을 갖게 된 것은 바로 좌뇌가 손상되어 우뇌의 기능이 탁월해졌기 때문입니다.

기억력이 뛰어난 사람들은 아무 연관이 없는 단어를 순서대로, 그것도 대량으로 기억해 냅니다. 그들은 기억력을 높이기 위해 단어들을 영상화해서 떠올리고 이야기를 지어서 기억한다고 합니다. 영상화는 문자와 숫자 등의 정보를 도형, 그림의 형태로 기억하는 것입니다. 아인슈타인, 다 빈치, 피카소, 스티브 잡스는 그림과 이미지를 활용하여 역사에 길이 남을 큰 공을 세웠습니다. 그들은 이미지를 가지고 놀면서 자신의 분야에서 엄청난 업적을 남겼습니다. 천재들은 평범한 일상생활에서도 새로운 아이디어를 위해 그림을 그리면서 생각하는 습관이 있습니다. 즉, 내면의 지식 깊은 곳에 있는 생각들을 끌어올리기 위해 펜과 노트를 사용해 그림을 그린 것이죠. 이는 보이지 않는 생각을 볼 수 있는 아이디어로 표현하게 했습니다.

'상상력은 지식보다 중요하다'라는 말을 남긴 아인슈타인은 과학자로서는 좌뇌를 사용했지만, 창조적 아이디어를 고안해내기 위해서는 우뇌를 사용했습니다. 상대성 이론처럼 현실에서 하기 힘든 실험은 머릿속으로 생각해 내곤 했습니다. 그는 '사고 실험Thougnt experimet'이라는 놀이를 하면서 지식을 넓혀 갔습니다. 특히 이미지를 통해 상상력을 극대화할 수 있는 '비주얼 씽킹Visual Thinking'을 즐겨 했습니다. 비주얼 씽킹이란 생각과 정보를 그림으로 표현하거나 기록하는 것을 말합니다. 즉, '생각의 시각화'를 의미하죠. Visual Thinking을 직역하면 '시각 사고법', '그림으로 생각하기'가 됩니다. 천재 화가 피카소는 기존의 통념을 깨고 그릴 대상을 새로운 시각으로 바라봤던 것으로 유명합니다. 눈에 보이는 것들이 아닌, 보이지 않는 생각들을 그리는 시대를 열었다고 높이 평가받습니다.

생각을 이미지화하는 것은 보이지 않는 생각을 그리는 것입니다. 이처럼 자신의 생각을 정리하기 위해서, 또 생각을 표현하기 위해서는 생각을 이미지화해 보는 연습이 필요합니다. 그림을 잘 그리고 못 그리는 것은 중요하지 않습니다. 간단한 원과 선만으로도 생각을 시각화할 수 있으니까요. 누구나 그림 실력은 부족해도 도형은 그릴 수 있을 것입니다. 그러니 겁내지 않아도 됩니다.

이제 좌뇌와 우뇌를 효과적으로 사용해 완벽한 시너지 효과를 낼 준비를 해 봅시다. 양쪽 뇌는 서로의 기능을 활용하면서 무한한 잠재력을 발휘할 것입니다. 양쪽 두뇌를 모두 사용하면서 균형을 잡고 세상을 바라보는 새로운 시각도 갖추게 될 것입니다.

# 일 잘하는 사람들은
# 생각하는 방법이 다르다

**나는 얼마나 나를 잘 알고 있을까요?**

EBS에서 〈학교란 무엇인가〉라는 교육 프로그램이 방영된 적이 있습니다. 그중 '0.1퍼센트의 비밀' 편에서는 전국 상위 0.1퍼센트 학생들을 대상으로 공통점을 찾아보고 그 비밀을 밝히는 시간을 가졌는데요, 0.1퍼센트의 학생들에게는 과연 어떤 특별한 점이 있었을까요? 처음엔 예상과 달리 일반 학생들과 다른 특별한 뭔가를 발견하기 어려운 듯 보였습니다. 지능도 비슷했고, 가정환경 등 여러 항목을 분석해 봤지만 별 다른 특이점을 찾지 못했죠.

연구팀은 추가로 한 가지 흥미로운 실험을 진행했습니다. 학생들을 0.1퍼센트의 그룹과 일반 학생들 그룹으로 나눈 뒤, 이 실험은 '학업 성취도와 기억력의 상관성'을 알아보는 연구라고 소개를 합니다. 그리고 학생들에게 미션을 줍니다. 모두 같은 환경에서 무작위로 스물다섯 개의 단어를 보여준 뒤, 최대한 많은 단어를 기억해야 하는 것이었습니다. 단어들은 변호사, 여행, 우산 등 연관이 없는 단어들이고, 노출 시간은 3초씩이었습니다. 시간이 종료된 뒤 연구팀은 참가자들에게 본인이 기억하고 있는 단어의 개수를 적어 달라고 요청합니다. 결과는 어땠을까요? 이번에도 두 그룹의 학생들이 예상한 단어 개수에 별반 차이가 없었습니다.

이번에는 3분의 시간을 주고 기억나는 단어들을 최대한 많이 적게 했습니다. 그런데 여기서 놀라운 결과가 나타납니다. 일반 학생들은 본인이 기억하고 있다고 예측한 수와 정답의 수가 일치하지 않았습니다. 그러나 0.1퍼센트 학생들은 한 명을 제외하고 예측한 수와 정답 수가 모두 일치했습니다. 일치하지 않은 한 명도 오차가 매우 적었습니다. 이 실험 결과에 대해 아주대 심리학과 교수는 다음과 같이 설명합니다.

"두 집단의 차이는 기억력 자체의 차이가 아니라 '자신이 얼마만큼 알고 있느냐'에 대한 안목, 그 능력의 차이라고 볼 수 있습니다."

사실 두 그룹의 기억력은 별반 다르지 않았습니다. 단지 자신이 아는 것과 모르는 것을 정확히 인지하고 있느냐, 그렇지 못하느냐의 차이였죠. 이를 심리학에서는 '메타 인지'라고 합니다. 이 메타 인지는 비단 공부에만 중요하게 작용하는 것이 아닙니다. 회사를 다니는 직장인들의 경우는 어떨까요?

매월 초 비용 마감일이 되면 직원 대부분은 분주합니다. 마감 기한 내에 비용과 관련한 자료를 재무팀으로 모두 넘겨야 하기 때문입니다. 재무팀 임세런 대리는 이번에도 매월 반복되는 K 직원의 단골 멘트를 듣고 화가 나기 시작합니다.

"대리님, 이번엔 정말 확실해요. 저번처럼 틀리지 않았을 거예요."

K 직원은 자료를 넘길 때마다 숫자, 전산 코드 등 어떤 항목이든 하나씩은 꼭 잘못 입력해서 왔습니다. 증빙 자료를 누락하는 일도 일쑤였죠. 임세런 대리는 K 직원에게 수정 사항을 알려 주고 다시 되돌려 보내는 일을 매월 반복해야만 했습니다. K 직원은 수정을 거듭해서 다시 제출할 때마다 "이번엔 정말 확실히 기억했어요. 다음 달에는 절대 틀리지 않겠습니다"라고 약속하고 되돌아가곤 했습니다. 그러나 다음 달이 되면 단골 멘트와 함께 또 실수가 발견되

었습니다.

　K 직원은 임세련 대리 앞에서 늘 죄인이 된 것처럼 사과를 했습니다. 그는 매번 본인이 완벽하게 처리했다고 잘못 인지하고 있었습니다. 그가 자신을 제대로 알고 있었다면 어땠을까요? 아마도 자료를 제출하기 전에 한 번 더 검토하는 시간을 가졌을 것입니다. 그랬다면 매월 반복되는 약속 불이행과 더불어 스스로 죄인을 만드는 모습에서 벗어날 수 있지 않았을까요?

　메타 인지란 자기 생각에 대해 판단하는 능력을 말합니다. 내가 무엇을 아는지 모르는지에 대한 판단과 더불어 이를 보완하기 위한 계획 수립과 실행 전반을 의미합니다. 계획한 실행 과정이 목표에 어느 정도 접근하고 있는지 점검하고, 효과적으로 목표를 달성하기 위해 이를 보완하고 조절합니다. 생각 정리를 잘하는 사람들의 첫 번째 특징은 높은 메타 인지 능력이 있다는 것입니다. "너 자신을 알라"는 명언을 남긴 소크라테스는 이미 오래전에 메타 인지의 중요성을 알았던 것이 아닐까요?

## 고민하지 말고 생각을 하자고요

생각 정리를 잘하는 사람들의 두 번째 특징은 '고민'하지 않고 '생각'한다는 것입니다. 고민하는 것과 생각하는 것은 언뜻 보면 비슷한 말인 것처럼 느껴집니다. 과연 '생각한다'라는 말의 진정한 의미는 무엇일까요? '고민한다'라는 말과는 어떻게 다를까요? 국어사전에는 다음과 같이 풀이되어 있습니다.

> 생각한다 : 사물을 헤아리고 판단한다.
> 고민한다 : 마음속으로 괴로워하고 애를 태우다.

생각 정리를 잘하기 위해서는 '생각하는 상태'와 '고민하는 상태'를 구분해서 이해할 필요가 있습니다. 평소 계획을 세우거나 어떤 일을 할 때의 모습을 떠올려 봅시다. 우리는 과연 '생각'을 하고 있었을까요, 아니면 생각한다고 하면서 실제로는 의미 없는 '고민'만 하고 있었을까요? 객관적으로 판단해 볼 필요가 있습니다.

박영미 대리는 늘 입버릇처럼 하는 말이 있습니다. "나 다이어트 할 거야!" 동료인 한은지 대리는 박 대리와 팀이 다르지만 직장 '절친'입니다. 박 대리의 '그 말'을 가장 많이 듣는 사람 중 한 명이

기도 합니다. 그녀들은 각자의 팀에서 야근할 때가 많았습니다. 저녁을 먹고 움직이지 않고 늦게까지 앉아서 말이죠. 박영미 대리는 일이 너무 많아서 운동할 시간이 좀처럼 나지 않는다며 투덜대기 일쑤였습니다.

물론 어쩌다 일찍 퇴근하는 날도 있었죠. 그러나 동료들의 술자리 러브콜이 오면 '오늘도 고생한 나를 위해 딱 한 잔만!'이라며 달려 나가곤 했습니다. 회식을 할 때는 '맛있게 먹는 건 0칼로리!'라며 정말 맛있게도 먹는 그녀였죠. 그러면서 늘 내일부터는 꼭 빼고야 말겠다고 다짐하곤 했습니다.

어느 날 한은지 대리는 박영미 대리에게 물었습니다. "몇 킬로그램이나 뺄 생각인데?" 그녀는 선뜻 대답하지 못했습니다. 그동안 목표도 없이 막연히 살을 빼야 한다는 고민만 하고 있었기 때문이었죠. 평소 생각 정리를 잘하는 한 대리는 박 대리에게 '함께 생각해 보기'를 제안했습니다. 감량할 무게, 기간, 방법, 시간(운동할 시간, 운동 소요 시간 등)에 대해 자세한 목표를 세웠습니다. 박 대리는 6개월 만에 정확히 12킬로그램 감량에 성공했습니다. 물론 건강하면서도 탄력 있는 몸매는 덤이었죠.

이처럼 생각하는 사람은 논리적으로 해결하는 힘이 있습니다. 반면에 고민만 하는 사람은 어떤 일을 처리할 때 감정에 휩쓸릴 가

| 생각하는 사람 | 고민하는 사람 |
|---|---|
| 긍정적이다<br>외향적이다<br>앞으로 나아간다<br>성공의 이미지를 그려 본다<br>가설과 결론을 예측해 본다<br>일의 절차가 있다<br>자신을 중심으로 생각한다 | 부정적이다<br>내향적이다<br>머물러 있다<br>성공 후의 모습을 그려 보지 않는다<br>가설과 결론을 예측하지 않는다<br>일의 절차가 없다<br>외적인 요소들 중심으로 생각한다 |
| ▼ | ▼ |
| 논리적으로 해결할 수 있다 | 감정이나 외적인 요소에<br>휩쓸릴 수 있다 |

능성이 큽니다. 물론 고민하는 상태가 무조건 나쁘다는 것은 아닙니다. 다만 그동안 고민만 하던 상태라는 것을 스스로 알아챘다면 이제는 생산적으로, 생각하는 상태로 전환하기 위한 노력이 필요합니다. 이제 고민하지 말고 생각하자고요!

## 모방에 배움을 더하면?

생각 정리를 잘하는 사람들의 세 번째 특징은 올바른 관찰 학습 능력이 뛰어나다는 것입니다. 사회 인지 학습 이론의 창시자 앨버트 반두라Albert Bandura는 이렇게 말했습니다. "대부분의 인간 행동은 관찰 학습(모델링)을 통해 학습된다."

대부분의 사람은 자기만의 멘토가 있을 것입니다. '멘토'와 같이 어떤 훌륭한 사람을 모델로 해 스스로 변해 가는 것을 '모델링'이라고 하죠. 그렇다면 멘토처럼 되려면 어떻게 해야 할까요? 단순히 '저 사람 멋지다. 대단하다!', '나도 저렇게 되고 싶다'라며 감탄만 하다 끝난다면 성장의 기회가 생길까요?

성장을 위해서는 제대로 된 학습이 필요합니다. 핵심은 바로 '모방'에 있습니다. 거기에 '배움'을 더한 '모방 학습'이 필요합니다. 논리적으로 생각하고 말하는 사람을 봤다면 '이 사람 참 논리 정연하네. 게다가 말재주까지 좋네' 하며 짧게 생각하고 넘어가지 않았으면 합니다. '이 사람은 어떻게 그런 기술을 갖게 되었을까?'라고 생각해 보자는 것이죠. 스스로에게 '어떻게?' 혹은 '왜?'를 반복하여 질문하면서 그 사람의 기술을 응용할 수 있을 때까지 깊이 이해하려는 자세를 가져야 합니다. 단순히 '대단해!'라고 생각하고 끝내는 사람과 '왜?'를 반복하는 사람과는 확연히 다른 결과를 낳을 것입니다. 그렇다면 우리가 닮고 싶은, 논리적으로 생각을 잘하는 사람들을 좀 더 자세히 관찰해 보도록 합시다.

생각을 논리적으로 잘하는 사람들은 가고자 하는 방향이 명확합니다. 어떤 일을 하든 항상 최종 목표에 대한 이미지를 그려 놓고 움직이기 시작합니다. 그들은 목표를 달성하기 위해 구체적으로 생각하고 움직이는 것이 습관화되어 있습니다. 따라서 불필요한 생각으로 빠지지 않게 되는 것이죠. 행동이 명확하기 때문에 자신감도 유지할 수 있습니다.

그렇다면 논리적으로 생각하지 못하는 사람은 어떨까요? 달성하고자 하는 목표가 분명하지 않습니다. 목표 자체가 흔들리기 때문에 그 이후의 판단에 확신이 없습니다. 방법을 선택할 때도 흔들리기 십상이죠. 늘 혼란한 상태가 이어지기 때문에 매사 자신감도 없습니다. 결국 부정적인 성과로 이어지게 되는 것이죠.

생각 정리를 논리적으로 잘하는 사람들은 말하기 또한 다릅니다. 상황 정리와 판단이 빠르기 때문에 요약 중심의 발언을 잘합니다. 단정적인 말투를 쓰며, 짧고 간결하게 결론부터 말합니다. 발언이 명확하고 자신감에 차 있습니다. 즉, 상대에게 신뢰감을 주며 이해하기 쉽게 말합니다.

반면에 그렇지 못한 사람은 상황을 설명하기에 급급합니다. 핵심을 정확하게 전달하지 못하고 장황하게 설명하죠. 상황을 감정적으로 판단하기 때문에 정확한 표현을 하지 못하고 애매한 표현을 많이 사용합니다. 또 자신감이 없기에 말끝을 흐리게 됩니다. 또한 자세히 설명하지 않으면 상대가 이해하지 못할 것이라고 지레짐작해 핵심보다 주변 설명이 지나치게 많고 말이 상당히 길어지는 경향이 있습니다. 즉, 상대에게 확신을 주기 힘들고, 상대가 이해하기 어렵게 말을 합니다.

생각 정리를 논리적으로 잘하는 사람들의 특징을 자세히 살펴봤습니다. 주변에 이런 사람이 있다면, 이들을 자신과 끊임없이 비교하면서 모방해 보려고 노력하는 태도는 매우 중요합니다. 생각을 정리하고 실행하다 보면, 우리도 그들처럼 논리적으로 생각하는 사람이 되어 있을 것입니다. 아직 방법을 모르겠다고 걱정할 필요는 없습니다. 이 책을 끝까지 보고 연습하다 보면 분명히 달라진 내가 되어 있을 테니까요.

# 목적을 이루는 방법, 제로베이스 관점에서부터

**본래의 목적은 무엇인가요?**

생각을 논리적으로 정리하기 위해서는 모든 고정관념을 버리고 처음으로 돌아가 '목적'을 기준으로 다시 생각해야 합니다. 나름 열심히 준비한 기획서를 상사에게 내밀었을 때 "기존 것에서 달라진 것이 없네. 다시 생각해 봐!"라는 이야기를 들어본 적이 있나요? 상사가 얘기하는 '다시 생각해 봐!'에 숨어 있는 진짜 의미는 무엇일까요? 바로 '제로베이스Zero Base'에서 생각해 보라는 뜻입니다.

제로베이스란 출발점으로 되돌아가 결정하는 것을 말합니다. 즉, 어떤 것을 처음부터 다시 시작하는 것, 백지 상태에서 다시 검토하는 것, 모든 고정관념을 버리고 처음으로 되돌아가 목적을 기준으로 다시 생각하는 것을 의미합니다. 고정관념뿐 아니라 기존 방식이나 성공 사례는 잊고 목적을 기점으로 다시 생각해 보는 것을 말합니다.

제로베이스에서 생각하는 연습을 하기 위해 다음 질문에 대한 해결 방법을 생각해 볼까요?

"당신은 무엇인가를 하기 위해 무겁고 두꺼운 강철판에 구멍을 뚫고자 합니다. 주변을 둘러보니 구멍을 뚫는 도구는 보이지 않네요. 게다가 강철판을 운반하는 데 필요한 도구조차 없습니다. 지금 갖고 있는 것은 오직 문구류뿐입니다. 이 상황에서 목적을 달성하려면 어떻게 해야 할까요?"

아마도 가장 쉽게 떠오르는 답은 '전문가를 불러 구멍을 뚫어 달라고 요청을 한다' 또는 '구멍을 뚫을 수 있는 도구를 빌려 와서 해결한다'일 듯한데요, 이런 해결 방법은 제로베이스의 관점에서 나온 것이라고 할 수 있습니다. 위의 질문에 전문가를 부르거나 도구를 빌리면 안 된다는 제약이 있지 않기 때문이죠. 이처럼 주어진 상황 및 조건을 뛰어넘어 새로운 방법을 찾아내는 것이 바로 제로베이스 관점에서 생각하는 것입니다.

하지만 이보다 더 제로베이스에 가깝게 생각할 수도 있습니다. 무엇일까요? 바로 구멍을 뚫지 않고 목적을 이룰 방법을 찾아내는 것입니다. 구멍을 뚫지 않는 목적이라니, 무슨 의미인지 잘 모르겠다고요? 처음 글을 다시 천천히 읽어 봅시다. 달성해야 할 '목적'은 구멍을 뚫는 것이 아니라 '무엇인가를 하기 위해'라고 했습니다. 즉, '그 무엇인가를 하기 위해 꼭 구멍을 뚫어야만 할까? 구멍을 뚫지 않고 해결할 방법은 무엇일까'를 생각해 봐야 한다는 것이죠.

아마 업무를 하면서 목적을 명확히 하지 못하는 경우를 수없이 많이 봐왔을 것입니다(다만, 미처 깨닫지 못했을 수도 있겠네요). 무의식중에 목적을 달성하기 위해 사용하는 '수단'을 목적 자체로 생각하며 일하는 경우가 많았기 때문일 것입니다. 기정 씨와 함께 일하던 팀원 중 한 명이 갑작스러운 사고로 몇 주간 무급 휴가를 사용하게 되었습니다. 그 동료가 했던 업무는 그만이 자세히 알고 있었죠. 동료의 갑작스러운 자리 비움은 다른 팀원들에게는 무척이나 괴로운 시간이었습니다. 그의 업무를 파악하고 대신 처리하는 데 상당히 애를 먹었기 때문입니다.

그 일 이후 모든 업무 절차를 문서화하라는 지시가 내려왔습니다. 누가 자리를 비워도 문서를 보고 쉽게 업무를 파악하도록 만들라는 것이었습니다. 팀원들은 '업무 매뉴얼'이라는 문서를 어떻게 만들지 신경 쓰느라 예전보다 업무가 훨씬 많아진 것처럼 느껴졌습니다. 결국엔 야근도 늘어나게 되었고요. 이는 '효율적인 업무 공유와 체계적 습득'이라는 본래의 목적이 그를 위한 수단인 '업무 매뉴얼 만들기' 자체로 변해 버렸기 때문입니다.

또 다른 팀에서도 업무 매뉴얼에 관한 문제가 생겼습니다. 리더마다, 팀의 분위기마다 업무 스타일이 다르다는 사실은 잘 알고 계실 겁니다. 이 팀은 기정 씨의 팀과 매뉴얼 만들기 방식이 확연히 달랐습니다. 업무 매뉴얼을 만들라고 지시가 떨어지니 어떻게 해서든 빠르게 제출하기 위해 형식적으로 작성을 했습니다. 결국 그 자료는 제대로 써먹을 수 없게 되었습니다. 만약 해당 팀의 리더가 업무 매뉴얼을 만드는 목적을 직원들에게 제대로 인식시켰다면 어땠을까요? 그랬다면 업무 매뉴얼을 만드는 목적이 '업무 매뉴얼의 제출'이 되지 않았을 것입니다.

이런 결과를 만들지 않기 위해서는 목적을 제로베이스에서 다시 생각해야 합니다. 지금 하고 있는 일이 목표 달성을 위해 직접적으로 필요한 일인지, 목표를 향해 가는 길에 또 다른 골치 아픈 일을 만드는 것은 아닌지 항상 의심해 봐야 합니다. 문제의 진정한 목적을 잃지 않고 제대로 생각한다면 근본적인 문제를 해결하고 목표도 달성할 것입니다. 우리가 앞으로 하게 될 그림이나 도표를 활용해 생각을 정리하는 것도 마찬가지입니다. 그림을 그려서 생각을 정리해야 한다면, 그림을 그리는 것 자체가 목표가 되어서는 안 됩니다. 목표를 달성하기 위한 수단으로 제대로만 활용한다면 원하는 목표를 효과적으로 이루는 데 큰 도움이 될 것입니다.


## 생각을 하지 않는 자동 사고

유연하게 생각하기 위해서는 '자동 사고'에 빠지지 않는 것이 중요합니다. '자동 사고'란 자동적으로 생각하는 상태를 의미합니다. 어떤 일을 할 때나 어떤 현상을 받아들일 때 아무런 의심 없이 자연스럽고 당연하게 받아들이는 상태를 말합니다. 친구 집의 위치가 궁금해 지하철 몇 번 출구인지 물어보면 모르는 경우가 꽤 있습니다. 몇 번 출구인지 생각하지 않아도 집 쪽으로 가는 길이 익숙해서 자연스럽게 집으로 향하기 때문입니다. 늘 그렇게 해 왔기 때문에 군이 출구 번호를 생각해 낼 필요가 없었던 것이죠. 이것이 바로 자동 사고입니다.

업무를 할 때도 '늘 그렇게 왔기 때문에'라는 말을 많이들 합니다. 아무런 생각 없이 늘 해 왔던 방식대로 일을 처리하는 것입니다. 그 방법이 과연 효과적일까요? 노 차장은 40대 초반의 싱글남입니다. 팀원들은 노 차장이 그들보다 먼저 퇴근하는 모습을 한 번도 본 적이 없습니다. 늘 늦게까지 야근하고 심지어 주말 출근도 잦았습니다. 연애라도 하면 좋을 텐데 여자보다 일이 더 좋은가 하는 의심이 들 정도였죠. 하지만 더 의심스러운 것은 그의 업무 성과였습니다. 상사에게 질책당하는 일은 다반사였고, 노 차장이 속했던 관리팀뿐만 아니라 다른 팀원들까지도 너 나 할 것 없이 노 차장과 함께 일하는 것이 너무 힘들다며 수군대기 일쑤였습니다. 협조 메일을 보내도 회신이 오는 데까지 너무 오래 걸렸기 때문에 모두들 지치곤 했습니다.

노 차장이 업무 과부하로 너무 힘들어하자, 결국 신 과장이 그의 업무 중 하나를 떠맡게 되었습니다. 인수인계를 받으며 엑셀 파일을 연 순간 신 과장은 놀라움을 금치 못했습니다. 차장 정도 급이면 당연히 알아야 할, 아니 관리 업무를 맡은 직원 대부분이 기본으로 알 만한 기본 함수조차 사용하지 않고 있었던 것입니다. 그나마 기초적인 표 그리기와 더하기 수식 정도는 알아서 다행스러울 정도였습니다. 피벗 테이블이나 브이룩업 같은 함수만 제대로 활용했어도 30분 이내로 처리하는 일을 일일이 수기로 하다 보니 3일

밤낮을 꼬박 매달려도 시간이 부족했던 것입니다. 신 과장은 그 업무를 받자마자 데이터를 정형화했습니다. 초반에는 정형화하는 데 시간이 어느 정도 걸렸습니다. 하지만 다음 달부터는 30분 이내로 업무를 마쳤습니다. 정형화한 포맷에 새로운 데이터만 대입하면 되기 때문입니다.

'늘 그렇게 해 왔기 때문에 그냥 해 오던 방식대로 해야지'라는 생각에서 벗어났다면 노 차장의 삶에는 어떤 변화가 있었을까요? 지금 하고 있는 방법이 최선이라는 사고 정지 상태에서 벗어났다면 말이죠. 아마도 새로운 지식을 습득하거나 다른 업무 처리 방식을 택했을 것입니다. 깔끔한 업무 처리와 신속한 퇴근, 예쁜 여자 친구도 있지 않았을까요? 지금 이 책을 보고 계신 당신은 '늘 해 왔던 대로'의 모습에서 벗어나기 위해 변화를 시도하고 있는 사람일 것 같습니다. 그 방법을 찾기 위해 이 책을 보고 계실 테니까요. 노력하고 있는 지금 당신의 모습을 응원합니다. 지금의 이 시도는 당신에게 분명히 달라진 삶을 선물할 것입니다.

## 제로베이스 사고에서 기억해야 할 것

제로베이스에서 생각할 때 염두에 둬야 할 세 가지가 있습니다. 첫째, 왜 하는가Why입니다. 둘째, 무엇을 하는가What입니다. 셋째, 어떤 방법으로 하는가How가 바로 그것입니다.

회의를 하다 보면 "갑자기 이 이야기가 왜 나왔죠?"라고 말할 때가 종종 있습니다. 주제에 대한 해결 방법을 찾으려고 이 의견, 저 의견을 제시하다 보니 너무 멀리 가 버린 것이죠. 어떤 문제를 해결할 때 무엇을 해야 하는지, 방법은 무엇인지를 논의하기 전에 반드시 왜 하는지를 논의해야 합니다. '왜' 하는가를 생각하다 보면 무엇을 해야 하고, 어떻게 해야 효과적인 해결책이 나올지 길이 보일 것입니다. 본래의 목표 달성은 물론이고 획기적인 아웃풋도 얻을 것입니다.

제대로 된 '왜'를 찾았다면 '무엇'과 '어떻게'는 기존의 성공 방식이나 내가 가진 상식, 고정관념의 틀을 깨 더 넓은 시선에서 생각해 봅시다. 기존의 방식에서 벗어나 과감한 시도를 할 때 비로소 혁신이 일어납니다.

미국의 심리학자이자 철학자인 에이브러햄 매슬로Abraham Harold Maslow는 이렇게 말했습니다. "당신에게 도구라고는 망치밖에 없다면 모든 것을 못처럼 다루려 할 것이다." 만약 지금 우리에게 망치밖에 없다면 어떻게 될까요? 이제는 망치밖에 없다고 해도 걱정 없습니다. 왜 해야 하는지, 망치를 쓰지 않고 해결할 다른 방법은 없는지 등을 생각하는 유연한 사고가 생겼기 때문입니다.

# 핵심만 효과적으로!

## 자신을 객관적으로 바라보게 하는 도구

도표는 한 걸음 물러서서 나 자신을 객관적으로 바라볼 수 있게 도와주는 도구입니다. 머리가 복잡하고 정리가 되지 않으면 마구잡이로 일을 하게 됩니다. 그러다 문득 '내가 지금 뭘 하고 있는 거지?'라는 생각에 괴로웠던 경험이 있을 것입니다. 분명히 지시받은 대로 일을 처리했는데, 상사에게 퇴짜를 맞아 몇 번이나 새로 고쳤던 경험은 없나요? 날마다 야근을 하는데도 일이 끝나지 않아 늘

허덕였던 적은요?

현재 당신이 이런 상황에 처했다면 제대로 된 아웃풋을 내기 위한 작업과 관계가 먼 일들을 하고 있을 가능성이 높습니다. 업무 내용을 제대로 파악하지 못하고 마구잡이식으로 일을 처리하면 종종 이런 일을 겪습니다. 이럴 때는 일단 상황을 냉정하게 분석해야 합니다. 지시받은 일의 내용과 보고할 성과물을 정확하게 파악하고 업무를 시작해야 상사로부터 한 번에 승인받고 업무 시간도 단축할 수 있습니다.

어떤 문제가 있을 때마다 상황을 파악하기 위해 문제 상황을 문자로 기록한다고 생각해 봅시다. 말을 전부 적어야 하기 때문에 시간이 오래 걸립니다. 추후 메모를 봐도 그때의 상황을 전부 떠올리기가 쉽지 않고, 결국 문제점과 모순점을 파악하기가 어렵습니다. 또 글로 적은 메모는 지나고 나면 기억에 남지 않는 경우가 많습니다. 메모를 하고 나면 그대로 방치하게 돼 발전이 없는 것이죠. 이렇듯 문자로만 메모한다면 결국 문제를 해결하기도 전에 또 다른 문제에 휩싸일지도 모릅니다.

도표를 사용하면 자신이 처한 상황과 직면한 문제를 빠르고 확실하게 알 수 있습니다. 복잡한 일들에 둘러싸여 있는 자신의 현실을 바라보는 또 다른 나를 만드는 것입니다. 이렇게 하면 문제를 객관적이고 냉정한 시각으로 보게 되어 효과적인 해결책을 찾아낼 가능성이 높아집니다. '상황 파악을 위한 도표'와 '문제 해결을 위한 도표'를 활용하면 머리로만 해결하려던 문제를 눈으로 보며 효과적으로 일을 처리할 수 있을 것입니다.


## 생각을 원활하게 해 주는 수단

생각 정리는 자신의 생각을 원활하게 활용하기 위해 필요합니다. 이때 도표를 사용하면 생각을 원활하게 하는 데 큰 도움을 받을 수 있습니다. 생각을 원활하게 활용한다는 것은 자신의 생각을 체계적으로 정리하는 것, 여러 가지 의견을 효과적으로 종합하는 것, 정리된 생각들을 알기 쉽게 설명한다는 것을 의미합니다. 도표는 직감적으로 전체를 이해하게 합니다. 문장은 처음부터 끝까지 읽어야만 내용을 파악할 수 있습니다. 반면에 도표는 한눈에 이미지가 전달되며 핵심을 파악하기도 쉽습니다.

어떤 고민이 있을 때 문제가 무엇인지, 해결책은 어떤 것이 있는지 등을 글로 줄줄이 적다 보면, 오히려 상황이 더 복잡하게 꼬일 수 있습니다. 글은 표현 방식이 너무 다양하기 때문입니다. 도표를 사용하면 생각의 과정을 패턴화하기 때문에 효과적입니다. 다양한 문제를 몇 가지 패턴으로 정리하면 비슷한 문제를 해결할 때 많은 도움을 얻습니다. 문자만으로 된 정보는 패턴화하기가 힘듭니다. 문제의 대상을 단순화해서 패턴을 그리면 다른 패턴과 비교 검토하며 문제점과 해결책을 쉽게 발견합니다. 이전에 처리했던 문제와 패턴이 비슷하면 쉽게 응용할 수 있기 때문입니다.

이제부터 글로 된 긴 문장을 도표로 한눈에 보이게 정리하면 어떻게 되는지 함께 살펴봅시다. 어릴 적 할머니께서 들려주셨던 옛날이야기가 있습니다. 내용은 대략 이렇습니다.

"옛날에 어느 마을에 노부부가 살고 있었단다. 어느 날 할아버지는 나무를 하러 산에 가고, 할머니는 빨래를 하려고 냇가에 갔지. 그런데 저 위에서 커다란 복숭아가 물에 둥둥 떠내려 오는 것이 아니겠니! 할머니는 복숭아를 집으로 가져와 먹으려고 반을 쪼갰단다. 그런데 그 안에서 웬 사내아이가 나오는 거야. 마침 자식이 없던 노부부는 이 아이를 친자식처럼 키웠단다. 아이는 무럭무럭 자랐지. 그러던 어느 날, 이 아이는 귀신 섬의 귀신이 사람들을 괴롭히고 있다는 소식을 듣게 되지. 아이가 귀신을 물리치기로 결심하고 집을 나설 때, 할머니는 떡을 챙겨 주었단다. 아이는 섬으로 가는 길에 만나는 개, 꿩, 원숭이 등에게 떡을 나누어 주고 그들을 부하로 거느

리게 되지. 결국 귀신 섬에서 귀신과 싸워 멋지게 승리하고 귀신에게 빼앗은 보물을 갖고 돌아와 행복하게 살았단다."

　이 옛날이야기를 그림으로 정리하면 아래와 같습니다. '사내아이의 성장'이라는 시점에서 정리한 그림입니다. 어떤가요? 글로 설명할 때보다 훨씬 단순해지고 내용도 한눈에 파악하기 쉬워졌죠? 그림만 보고도 이 이야기를 모르는 누군가에게 쉽게 설명할 수 있을 정도로 말이죠.

　이렇듯 그림으로 생각하는 방법은 자신의 생각 정리는 물론 다른 사람에게 명확한 설명을 하는 데에도 큰 도움이 됩니다. 문자처럼 모든 내용을 다 담아내려고 하면 어떤 주제나 상황에서도 복잡

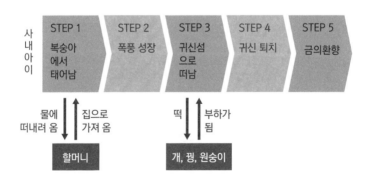

해질 수 있습니다. 많은 사람들의 뇌는 상당히 지쳐 있습니다. 자세한 사항보다 핵심만 간단히 알고 싶어 하죠. 심플하게 정리해서 상대가 최대한 쉽게 받아들이게 할 기술이 필요합니다.

어떤 상황 또는 문제를 그림이나 도표 형태로 표현할 때 중요한 것이 있습니다. 내용을 충분히 파악하고 있는지, 그릴 대상을 제대로 이해하고 있는지 등을 점검해 봐야 합니다. 화려한 손재주나 보기 좋은 모양이 중요한 것이 아닙니다. 그릴 대상에 대한 정확한 이해도가 중요합니다. 그릴 대상을 제대로 파악한 이후 그림을 그리면 자신의 생각이 정리될 뿐 아니라 타인에게 설명하기도 쉬워집니다. 도표나 그림 형태로 생각한다는 것은 외국어 공부와 유사합니다. 영어는 배우는 것 자체가 중요한 것이 아닙니다. 그보다 영어로 무엇을 어떻게 전달할 것인가가 중요합니다.

저는 미팅을 할 때 늘 노트와 펜을 챙깁니다. 그림을 그리면서 대화하면 요점을 신속하게 전달할 수 있습니다. 또 대화 내용이 쉽게 정리가 됩니다. 서로 잘못 이해하는 부분이 있다면 그림을 그리면서 한눈에 파악하기 때문에 소통의 오류를 줄일 수도 있습니다. 그림을 그리는 사람이 자연스럽게 대화의 주도권도 쥐게 되고요.

회의나 상담 후 정리가 되지 않아 찜찜했던 경험이 한번쯤 있을 것입니다. 이제 확실하게 정리하고 깔끔하게 전달합시다. 깔끔한 소통은 일을 빨리 파악하게 해줄 것입니다. 더불어 업무 속도와 질 또한 최대한으로 끌어올릴 것입니다.

## 메모가 곧 보고서

도표로 기록한 메모는 보고서나 기획서로 바로 활용할 수도 있습니다. 직장인 대부분은 파워포인트로 제안서를 작성하거나 워드나 엑셀 문서로 보고서를 작성합니다. 이때 어떤 부분에서 가장 시간이 오래 걸릴까요? 대부분은 '어떻게 정리할 것인가?'와 '상대가 쉽게 이해하려면 어떻게 표현할 것인가?' 등의 고민으로 상당한 시간을 보낼 것입니다. 평소 도표 형태로 기록하는 습관을 만들면 이런 고민도 쉽게 해결할 수 있습니다.

우리가 사용할 도표에 등장하는 기본적인 도형들은 전부 오피스 문서에 있는 것들입니다. 따라서 파워포인트나 워드 등의 문서에서 제안서나 보고서로 바로 활용할 수 있습니다. 굳이 파워포인트에 맞춰 새롭게 디자인하지 않아도 됩니다. 또한 제안 자료를 효과적으로 준비할 수 있기에 프레젠테이션의 리허설을 하거나 다른 업무에 시간을 더 할애하는 등 합리적으로 일을 진행할 수 있습니다. 일을 이런 식으로 하게 되면 같은 업무 시간이라도 한결 여유롭게 일할 것입니다. 이제 불필요하게 낭비되었던 시간들을 최대한 단축시킵시다. '워라벨'('일과 삶의 균형'이라는 의미인 'Work-life balance'를 줄여 씀)을 실현하는 날이 곧 찾아올 것입니다.

# 2

# 간단한 툴만 활용하면 된다

## 생각 정리 노하우

이 장에서는 깔끔하게 생각 정리를 도와주는 도구들을 소개합니다. 생각을 정리할 때 기초 도구로 활용하면 좋습니다. 이 도구들의 장점은 어렵지 않지만 복잡한 생각을 정리하는 데 매우 탁월하다는 것입니다. 이 그림을 업무에 적용하면, 일의 속도가 매우 빨라지는 것은 물론 효과적인 업무 처리 방식으로 성과를 높일 수 있을 것입니다.

이 장에서는 기초 훈련을 한다는 생각으로 그림을 익히는 데 집중하면 됩니다. 그림의 구조를 쉽게 이해했다면 다음 단계로 갈 준비가 된 것입니다. 다음 장에서는 이 도구들을 업무와 일상에 어떻게 활용하면 좋을지 살펴볼 것입니다.

1. 로직 트리Logic Tree : '**구조 파악, 내용 정리, 원인과 해결 방법을 찾**
   **기 위한 생각 정리 툴**

　　정보를 누락하거나 중복하는 일 없이 정리해 전체적인 구조를
한눈에 파악하도록 도와주는 툴입니다. 의문점을 깊게 파헤쳐 문
제를 해결할 수 있게 도와주기도 합니다. 어떤 문제 상황을 파악하
고 논리적으로 해결하고자 할 때 사용하면 좋습니다. 복잡한 조직
을 정리할 때, 어떤 전략이 논리적으로 타당한지 여부를 검토할 때,

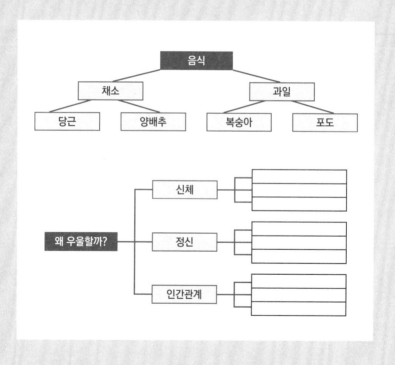

원인을 분석할 때 등 생각을 논리적으로 정리해야 할 때 활용하면
효과적입니다.

## 2. 포지셔닝 맵 : 여러 항목을 비교하여 차이점을 쉽게 파악하도록 도와주는 생각 정리 툴

두 개의 축으로 여러 항목을 비교하여 각각의 차이점을 한눈에
파악하게 도와줍니다. 상품을 비교 검토하거나, 인기 상품들의 차
이점 등을 분석하는 데 효과적입니다. 결정을 어려워하는 사람들

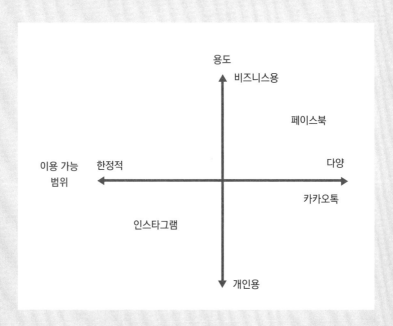

은 도움을 많이 받을 것입니다.

3. 매트릭스 : 비교를 통해 문제, 과제, 경향을 파악해 주는 생각 정리 툴

숫자로 표현하기 어려운 여러 가지 선택 사항 중에서 무엇을 고를지 고민이 될 때 도움을 받을 수 있는 툴입니다. 시간 관리의 목적으로도 효과적으로 활용할 수 있습니다.

|  | 방법 A | 방법 B |
|---|---|---|
| 장점 | 즉시 활용 가능 | 장기적인 성장 예상 |
| 단점 | 높은 원가 | 장시간 소요 예상<br>성과에 대한 불확실 |

4. 교환도 : 관계를 파악하기 위한 생각 정리 툴

사각형과 그것을 서로 잇는 화살표로 누가 어떤 교환을 진행하는지 한 번에 파악하도록 도와줍니다. 사람, 사물, 돈 등의 흐름을 파악하는 데 효과적입니다.

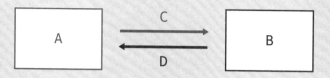

## 5. 프로세스 맵 : '절차' 를 파악하기 위한 생각 정리 툴

목표를 이루기까지의 과정을 쉽게 파악할 수 있습니다. 어떤 계획을 세우거나 일의 진행 과정을 한눈에 파악할 수 있도록 도와줍니다. 시간의 흐름 속에서 핵심 사항을 파악할 때, 업무 흐름을 검토할 때 사용하면 효과적입니다.

## 6. 마인드맵 : 기억력을 높이기 위한 생각 정리 툴

마음속에 지도를 그리듯이 줄거리를 이해하며 정리하는 툴입니다. 핵심 단어를 중심으로 거미줄처럼 사고가 확장되어 가는 과정을 확인할 수 있습니다. 일종의 시각화된 브레인스토밍 기법입니다.

## 7. 만다라트Mandal-Art, 스캠퍼Scamper, 서른일곱 가지 변환 요소 : 아이디어 발상을 위한 생각 정리 툴

### 1) 만다라트(연꽃 기법)

활짝 핀 연꽃 모양으로 아이디어를 확장해 나가는 데 도움을 주는 툴입니다. 일본의 마츠무라 야스오가 개발했습니다. 불교의 만다라 형태와 비슷하다고 해서 만다라트라고 부릅니다.

### 2) 스캠퍼

기존의 아이디어에 대체 가능 여부, 결합 가능 여부 등 일곱 가지 질문을 해 새로운 아이디어를 떠올리는 데 도움을 주는 툴입니다. 예를 들면 '○○과 ○○을 결합하면?' 이런 방식이죠. 기존의 아이디어에서 진전이 없을 때 사용하면 좋은 도구입니다.

### 3) 서른일곱 가지 변환 요소

찰스 톰슨이 개발한 서른일곱 가지 아이디어 카드로 발상력을 키워 주는 툴입니다. 기존의 아이디어에서 진전이 없을 때 활용하면 효과적입니다. 서른일곱 개의 카드는 '늘리면/줄이면', '단순화하면/복잡하게 하면' 등의 내용으로 이루어져 있습니다. 기존의 것에 카드의 내용을 적용하여 새로운 아이디어로 발전시킬 수 있습니다.

8. 벤다이어그램 : 특정 대상의 '특징'을 파악하기 위한 생각 정리 툴

상품이나 서비스, 개인의 특징을 강조하는 데 도움을 주는 툴입니다. 어떤 제품의 성공 요인을 분석하는 데 활용하면 좋습니다. 나의 강점을 발견할 때도 사용하면 효과적입니다.

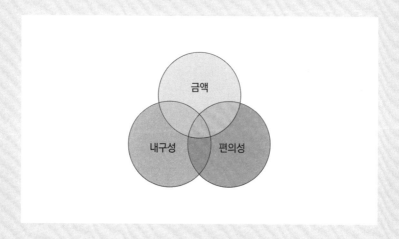

# 일목요연한 내용 정리와 원인 파악, 솔루션까지! 로직 트리

**로직 트리란 무엇일까?**

로직 트리는 구조 파악과 내용을 정리하는 데 도움을 주는 탁월한 도구입니다. 주어진 주제를 관련이 있는 여러 가지 것들로 분해하여 피라미드 형태(나무 모양)로 나타낸 것입니다. 하나하나 나누고 분해하다 보면 그동안 보이지 않았던 것들이 보입니다.

예를 들어, 우리 집에 초대한 친구들에게 특별하고 맛있는 우동을 대접하고 싶다고 생각해 봅시다. 무작정 특별한 우동을 만들자고 생각하니 막막하기만 합니다. 이럴 때는 우동과 관련된 중요 요소들을 나눠 생각해 보면 됩니다. 면, 육수, 조리 방법 식으로 나누는 것이죠. 그럼 한번 나눠 보겠습니다. 우동 면의 종류는 건면, 생면, 냉동면 등으로 나눌 수 있습니다. 육수는 매운 육수, 맵지 않은 육수 등으로 나눌 수 있겠고요. 조리 방법은 면을 얼마 동안 삶을지, 육수를 사용하지 않는 조리법으로 했을 때는 어떨지 등으로 나눠 생각해 볼 수 있습니다. 이처럼 나눠서 생각하다 보면 어느 포인트에서 차별화를 두면 좋을지 쉽게 떠오를 것입니다.

로직 트리를 만들 때는 앞에서 언급한 MECE, 즉 각 요소들을 누락되는 것과 중복되는 것이 없게 구분하는 것이 중요합니다. 각 항목들이 빠지거나 겹치는 것이 없으면서 모두 모았을 때는 완전한 전체를 이루어야 합니다. 한마디로 '겹치지 않으면서 빠짐없이 나눈 것'을 의미합니다. MECE가 완전히 지켜진 쉬운 예로 가위바위보를 들 수 있겠네요.

로직 트리를 활용하기에 앞서 로직 트리의 종류에 대해 알아봅시다. 로직 트리는 크게 세 가지가 있습니다.

첫째, 구조를 파악하거나 내용 정리가 필요할 때 문제가 '무엇'인지를 알아내기 위한 WHAT 트리.

둘째, 문제를 '어떻게' 해결할 것인지를 알아내기 위한 HOW

트리.

셋째, 어떤 문제에 대한 '원인'을 찾아내기 위한 WHY 트리.

그럼 이제부터 문제를 구체적으로 시각화해서 생각을 정리해 보는 연습을 해 볼까요? 로직 트리를 활용하면 문제 파악과 해결책을 찾는 것이 수월해질 테니 걱정 마세요!

## 로직 트리(WHAT트리) : 구조 파악과 내용 정리를 위한 생각 정리 툴

구조를 쉽게 파악하고 싶거나 내용을 정리하기 위해서는 WHAT 트리를 사용합니다. WHAT 트리의 대표적인 예로는 기업 조직도, 홈페이지 메뉴 구조도 등이 있습니다.

WHAT 트리는 '무엇인가What?'라고 질문하면서 중심에서 작은

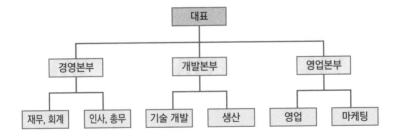

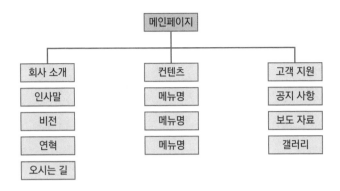

가지들로 뻗어 나가며 생각을 확장하는 방법입니다. WHAT 트리를 사용하면 구성 요소와 문제의 구조를 한눈에 파악할 수 있습니다. 예를 들어. 한 화장품 업체에서 고객들에게 설문조사를 한다고 가정해 봅시다. 어떤 항목을 조사하면 좋을까요? WHAT 트리를 사용해 구체적으로 생각해 봅시다.

"고객 조사를 해야 하는데 '무엇'을 물어야 할까? 먼저, 기존에 사용하던 제품에 대해 물어봐야지. '무엇'을 물어볼까? 품질에 얼마나 만족했는지 물어봐야지. 또 '무엇'을 물어볼까? 제품 디자인도 만족했는지 물어봐야겠어."

이런 식으로 '무엇?'을 반복하면서 생각을 확장하면 됩니다.

WHAT 트리를 사용하면 지금 어떤 '문제'가 있는지도 쉽게 파

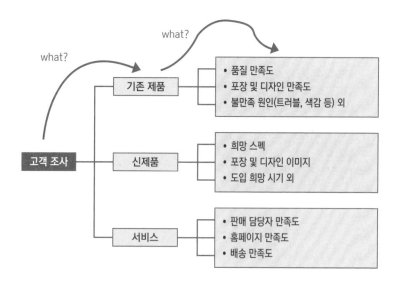

악됩니다. 우리 회사에서 이런 문제가 발생하고 있다고 생각해 봅시다.

'우리 회사의 매출이 떨어지고 있는 상황이네. 매출 하락의 문제를 파악해 보자, 어라? 기존 고객 중 더 이상 구매를 하지 않는 고객들이 있잖아? 또 다른 문제점은 없을까?'

매출 하락의 원인이 기존 고객에게만 있을까요? 신규 고객을 뚫지 못했다는 문제도 있겠죠. 매출과 관련된 WHAT 트리는 다음과 같이 나타낼 수 있습니다.

WHAT 트리를 통해 '매출 = 단가×고객 수'라는 구조를 파악했

습니다. 그럼 이를 통해 매출을 높일 방법을 어떻게 생각해 내면 좋을까요? 두 가지 방법을 생각해 볼 수 있겠죠. '단가'를 올리는 방법과 '고객 수'를 늘리는 방법입니다. 단가를 높이는 방법으로는 세트 판매 등의 방법을 생각해 볼 수 있습니다. 고객 수를 늘리는 방법으로는 할인을 하거나 이벤트를 하는 방법 등을 생각해 볼 수 있겠고요. 단, 어느 한쪽만의 방법을 취했을 때 다른 쪽의 하락 가능성은 없는지 등도 주의 깊게 살펴보는 것도 중요합니다.

이처럼 전체적인 모습을 보고 문제를 한눈에 파악하도록 도와주는 것이 바로 'WHAT 트리'입니다. WHAT 트리를 통해 문제점을 파악했다면, 이제는 문제의 원인과 해결 방법도 생각해 봐야 되겠죠? '원인과 해결 방법을 찾기 위한 생각 정리 툴' 편에서 논리적으로 문제를 해결하는 방법에 대해 알아봅시다.

## 원인과 해결 방법을 찾기 위한 생각 정리 툴 : 로직 트리

WHY 트리를 활용하면 어떤 일에 대한 근본적인 원인을 해결하는 데 도움을 받을 수 있습니다. 『나는 왜 이 일을 하는가』의 저자 사이먼 사이넥Simon Sinek은 우리 대부분이 어떤 문제가 발생했을 때, '어떻게how' 해결할 것인가에 연연한다고 말합니다. 근본적인 이유를 찾아내기보다 해결 방법부터 먼저 찾으려고 하기 때문이죠. 이처럼 문제를 해결할 때 보통 사람들은 '방법how'부터 찾으려고 애를 씁니다. 하지만 논리적인 사람들은 진정한 문제를 해결하기 위해 '왜why'부터 찾습니다.

자동차를 만드는 공장에서 사고가 발생했다고 가정합시다. 사고가 발생한 원인은 작업자가 기계를 잘못 작동한 데 있었습니다. 그렇다면 작업자에게 기계 조작과 관련한 교육을 제대로 해서, 작동 방법을 확실하게 인식시킨다면 사고를 예방할 수 있을까요? '해결 방법how'에서 접근한다면 이는 정답처럼 보입니다. 하지만 근본적인 원인을 찾기 위해 '왜why'에서 접근한다면 어떻게 될까요?

**왜 사고가 발생했을까? → 작업자가 기계를 오작동 했기 때문이다.**

왜 기계를 오작동 했을까? → 규칙대로 조작하지 않았기 때문이다.

왜 규칙대로 조작하지 않았을까? → 시간을 단축하고 싶었기 때문이다.

왜 시간을 단축하고 싶었을까? → 빨리 끝내고 다음 작업을 하고 싶었기 때문이다.

왜 다음 작업이 하고 싶었을까? → 해야 할 일이 너무 많았기 때문이다.


결국 사고의 원인은 해야 할 일이 너무 많은 데 있었습니다. 즉, 업무의 과부하가 사고로 이어졌던 것입니다. 따라서 이미 알고 있는 기계 작동 방법에 대한 교육은 필요하지 않았습니다. 단편적인 생각으로만 해결했다면, 즉 기계 작동법에 대한 재교육으로 문제를 해결했다면 어떻게 됐을까요? 아마도 동일한 문제가 발생하는 악순환이 이어졌을 것입니다.

어떤 문제의 해결을 원한다면, 단순히 방법부터 찾기 이전에 why에서 접근하는 것이 매우 중요합니다. why로 접근하면 더욱 깊이 숨어 있던 진정한 원인을 찾아내게 되니까요. 이처럼 진정한 원인을 찾아 효과적인 해결책을 찾기 위해 활용하는 것이 'WHY 트리'입니다. 핵심 문제를 뒷받침하는 이유를 why를 활용해 끄집어내면 됩니다.

'나는 우울하다'라는 문제가 있다고 생각해 봅시다. 우울함이 계속될 때는 좀처럼 헤어 나오기가 힘이 듭니다. 그렇다고 우울의 늪에 빠져만 있을 수 없습니다. 우울한 이유를 하나하나 찾아본다면 우울감에서 벗어날 방법이 보일 것입니다.

'나는 요새 우울해. 왜? 몸과 마음이 힘들고, 사람들과의 관계도 쉽지 않아.'

우울하다는 추상적인 문제를 몸과 마음, 인간관계에 대한 부분으로 나눠 '왜'를 반복하면서 접근해 봅시다.

'몸이 왜 힘들까? 최근에 체중이 늘어서 그런 것 같아. 늘 피곤하고 만성 피로인 듯해. 피부 트러블도 심해서 거울 보는 것이 두려워.'

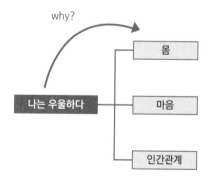

이런 식으로 하나하나 이유를 파헤치면서 생각을 확장해 봅시다. 우울하다는 추상적인 문제가 눈에 보이는 구체적인 문제로 드러나기 시작합니다.

문제의 근본적인 이유를 알아냈으니 이제부터는 해결책을 찾아볼까요? 이때는 HOW 트리를 이용하면 도움을 받을 수 있습니다. '어떻게?how'를 반복하면서 구체적으로 무엇을 해야 할지 방법을 찾아봅시다. 우울하다는 문제의 근본적인 이유 중 하나인 '체중 5킬로그램 증가'에 대한 해결 방법을 찾아보도록 할까요?

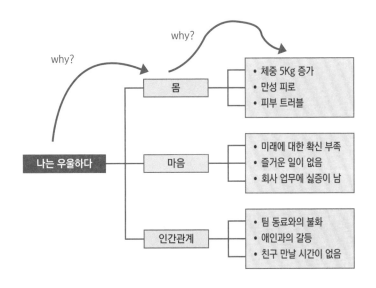

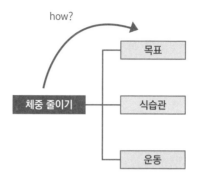

'늘어난 체중을 줄여야겠어. 어떻게? 무리하지 않고 한 달에 1킬로그램씩 5개월간 빼는 거야. 식습관을 바꾸고 활동량도 늘려야겠지.'

'어떻게?'라는 질문을 확장해 '목표 의식을 갖고, 식습관과 운동을 하는 것'으로 방법을 생각해 냈습니다. 이제부터 더 구체적인 방법을 찾을 수 있도록 How를 떠올리면서 생각을 확장해 봅시다.

'나는 우울하다'의 막연했던 문제가 표면적으로 드러나는 해결 가능한 과제가 되었습니다. 다른 문제들도 마찬가지입니다. 이런 식으로 머릿속에 떠도는 생각들을 하나하나 분해해서 눈에 보이게 만들면 됩니다. 보다 쉽게 해결 방법을 찾을 수 있습니다.

지금까지 살펴봤던 것처럼 로직 트리는 'WHAT → WHY →

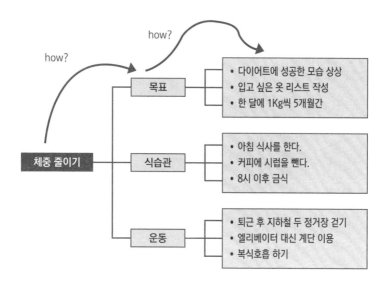

HOW'로 이어지는 문제 해결 방식입니다. 다시 한 번 정리해 볼까요? 먼저 WHAT 트리로 문제의 전체 그림을 파악합니다. 그런 다음 WHY 트리로 문제의 근본적인 원인을 알아냅니다. 마지막으로 HOW 트리를 이용해 문제의 원인을 어떻게 해결할지 방법을 찾아내는 것이 핵심입니다. 이런 식으로 문제를 해결하면 막막했던 문제도 논리적으로 해결할 것입니다.

# 복잡한 관계도 한눈에 쏙 들어오게
## 교환도

### 교환 또는 이동

이 그림은 무엇을 의미할까요? 예를 들면 다음과 같습니다.

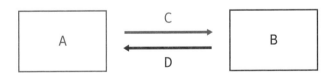

- A와 B 사이에서 C와 D를 교환합니다.

- A가 B에게 상품이나 서비스(C)를 제공하고, B는 대금(D)을 지불합니다.

- A가 B에게 지시(C)를 내리고, B는 A에게 보고(D)를 합니다.

- A가 B에게 어떤 것을 요청(C)하면 B는 A에게 그 결과(D)를 보냅니다.

- A에서 B로 가는 데 이동 수단(C)을 이용합니다. B에서 이동 수단 D를 이용해서 A로 옵니다.


사회에서의 '관계'란 어떤 가치를 제공하고 그 대가를 받는 것입니다. 그 과정에는 반드시 교환이 존재합니다. 가장 쉬운 예로 판매자와 구매자를 들 수 있습니다. 상품이나 서비스를 돈으로 교환하는 것을 말합니다. 임직원과 회사는 능력과 시간을 급여와 교환합니다. 우리가 회사에서 일할 때를 생각해 볼까요? 상사가 지시를 하는 데서 끝나지 않습니다. 지시를 받은 직원은 그에 따른 보고를 해야 합니다. 이 또한 교환이라 볼 수 있습니다.

이처럼 어떤 형태의 교환이든 사각형과 양방향 화살표를 이용하면 누가 어떤 교환을 진행하는지 한 번에 파악할 수 있습니다. 단순히 양방향의 교환만 가능한 것이 아닙니다. 복잡한 관계를 파악할 때도 교환도를 사용하면 모든 관계를 가시적으로 확인할 수 있습니다. 거래 관계를 이렇게 시각화하면 객관적으로 내용을 검토할 때 매우 효과적입니다. 업무 중에 얽혀 있는 거래처와의 관계를 파악할 때 사용해 보면 좋을 것입니다.

〈교환 이나 이동의 예시〉

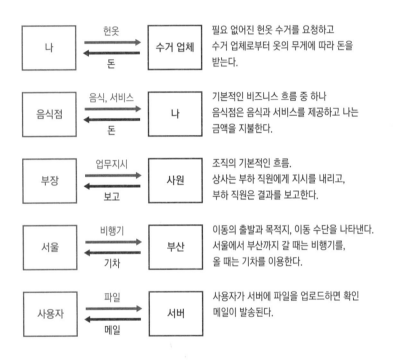

| | | |
|---|---|---|
| 나 →헌옷→ 수거 업체 ←돈← | | 필요 없어진 헌옷 수거를 요청하고 수거 업체로부터 옷의 무게에 따라 돈을 받는다. |

나 →헌옷→ 수거 업체 / ←돈←
필요 없어진 헌옷 수거를 요청하고 수거 업체로부터 옷의 무게에 따라 돈을 받는다.

음식점 →음식, 서비스→ 나 / ←돈←
기본적인 비즈니스 흐름 중 하나 음식점은 음식과 서비스를 제공하고 나는 금액을 지불한다.

부장 →업무지시→ 사원 / ←보고←
조직의 기본적인 흐름. 상사는 부하 직원에게 지시를 내리고, 부하 직원은 결과를 보고한다.

서울 →비행기→ 부산 / ←기차←
이동의 출발과 목적지, 이동 수단을 나타낸다. 서울에서 부산까지 갈 때는 비행기를, 올 때는 기차를 이용한다.

사용자 →파일→ 서버 / ←메일←
사용자가 서버에 파일을 업로드하면 확인 메일이 발송된다.

## 협조와 대립

다음 그림은 무엇을 의미할까요? 예를 들어 보겠습니다.

- A와 B는 동료입니다.
- A와 B는 서로 돕는 관계입니다.
- A와 B는 제휴, 동맹, 협조의 관계입니다.
- 양쪽에 화살표를 그리면, 대립이나 라이벌 관계를 나타낼 수도 있습니다.
- A와 B의 관계성을 C로 나타냅니다.

서로 영향을 주고받는 '교환'과는 달리 이 경우에는 순서가 존재하지 않습니다. 사각형 A와 B는 '대등'한 관계로 보기 때문이죠. 비즈니스에서는 제휴 업체, 협력 업체 등의 관계라고 할 수 있습니다. C에 업무 제휴, 마케팅 제휴 등 그 성격을 기재하면 됩니다. 기업의 거래 관계에 초점을 맞추는 것이 아니라 단순한 관계만 알고 싶을 때 사용할 수도 있습니다. 만약 가운데 선을 양쪽 화살표로 그린다면 다른 의미로도 활용할 수 있습니다. 협조 관계가 아닌 대립, 라이벌 관계를 나타낼 때 활용하면 됩니다.

〈제휴, 대립, 인간관계를 표현한 예시〉

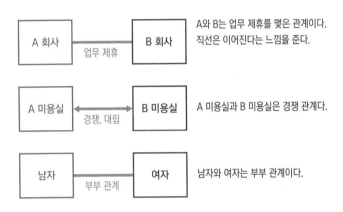

A와 B는 업무 제휴를 맺은 관계이다.
직선은 이어진다는 느낌을 준다.

A 미용실과 B 미용실은 경쟁 관계다.

남자와 여자는 부부 관계이다.

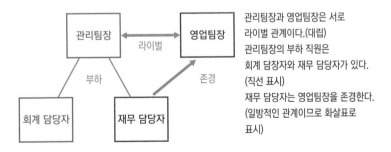

관리팀장과 영업팀장은 서로
라이벌 관계이다.(대립)
관리팀장의 부하 직원은
회계 담장자와 재무 담당자가 있다.
(직선 표시)
재무 담당자는 영업팀장을 존경한다.
(일방적인 관계이므로 화살표로
표시)

## 선의 두께와 크기로 나타내는 관계의 강도

→ 회사의 존재감이 더 크게 느껴집니다.

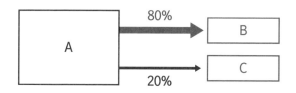

→ A는 B와 C의 회사에 출자했습니다. 출자 비율에 따라 선의 두께를 바꾸면 영향력의 정도를 한눈에 파악할 수 있습니다.

# 결정을 힘들어하는 분들 주목!
# 제대로 대조해 보기 포지셔닝 맵

포지셔닝 맵은 '차이'를 파악하는 데 도움을 주는 툴입니다. 지금은 여러 상품과 서비스들이 넘쳐나는 세상입니다. 다양한 상품 속에서 살아남으려면 무엇보다 차별화가 중요합니다. 만약 커피숍을 운영한다면 맛, 가격, 매장의 크기와 분위기, 포인트 제도 등에서 차별화를 둬야 합니다. 반대로 우리가 어떤 제품을 구매할 때도 여러 가지 항목을 비교한 후 최종 선택을 합니다.

그런데 결정을 하는 것이 힘든 분들은 물건 하나를 구입할 때도 쉽지 않죠. 이걸 생각하면 저게 걸려서 고민이고, 쉽게 선택했다가 나중에 후회할까 봐 두렵기까지 합니다. 시중에 좋은 제품이 너무 많기에 이 항목 저 항목을 다 따져서 장단점을 골라내려면 선택이 매우 힘들어집니다. 이때 필요한 것이 포지셔닝 맵입니다. 특별히 중요한 사항만 추려서 비교하기 때문에 '차이'를 확실히 파악할 수 있습니다. 차이를 확실히 알게 되면 객관적으로 비교하거나 검토하는 것이 한결 수월해지죠.

포지셔닝 맵은 회사에서 상품과 서비스를 기획하는 업무를 할 때도 필요합니다. 경쟁사와의 차이점을 분명히 파악해야 제대로 된 기획을 할 수 있습니다. 우리 상품과 경쟁할 상품들의 모든 것을

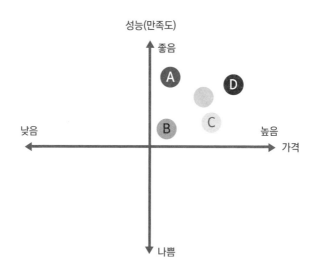

조사해 포지셔닝하면, 시장에서 독자적인 위치를 찾는 데 도움을 받을 것입니다.

앞의 포지셔닝 맵을 살펴봅시다. 성능 축과 가격 축이 있습니다. 성능이 좋으면서 가격도 저렴한 것은 어떤 것일까요? 바로 A입니다. 즉, 가성비가 좋은 제품이라는 뜻이죠. 반면에 B는 성능이 제일 떨어지고 가격도 낮습니다. 소위 '싼 게 비지떡'이라는 말이 어울리는 제품입니다. C처럼 성능이 떨어지는데도 가격이 높다면 소비자들에게 외면당하는 제품이 되겠죠? D처럼 만족도가 높고 가격도 높은 것은 브랜드 제품 혹은 명품 제품을 뜻합니다.

이처럼 포지셔닝 맵은 어떤 제품이 어느 위치에 존재하는지 알게 해 줍니다. 회사에서 어떤 물건을 구매할 때 이렇게 비교해 보면 쉽게 고를 수 있습니다. 또한 앞으로 어떤 고객층을 대상으로 어떤 마케팅을 할지 등의 전략을 세우는 데도 도움이 될 것입니다.

만약 다음과 같은 고민을 하고 있다고 생각해 봅시다.

'편하게 메고 다닐 백팩이 필요해. 자주 메고 다닐 계획이라 가벼우면서도 수납공간이 많으면 좋겠어. 가벼운 것이 우선이지만 디자인이 나빠서도 안 돼. 이번 달에 상여금을 받았으니 나에게 이 정도 선물은 해 줘야지. 네 가지 가방 가운데 무엇을 고르면 좋을까?'

먼저 고려해야 할 항목, 즉 비교할 항목들에 대해 '매우 좋음, 좋음, 보통, 나쁨'으로 점수를 매기면서 정리해 봅시다.

| 종류 | 무게 | 수납공간 | 디자인 | 가격 |
|------|------|----------|--------|------|
| A | 좋음 | 보통 | 좋음 | 좋음 |
| B | 매우 좋음 | 보통 | 보통 | 보통 |
| C | 보통 | 좋음 | 좋음 | 좋음 |
| D | 나쁨 | 매우 좋음 | 매우 좋음 | 나쁨 |

정리가 끝났는데도 선택이 쉽지 않습니다. 그렇다면 무게, 수납공간, 디자인, 가격에서 가장 중시한 항목이 무엇이었는지 다시 한번 생각해 봅시다.

## 세로축 설정하기

'편하게 메고 다닐 백팩이 필요해. 자주 메고 다닐 계획이라 **가벼우면서도**

수납공간이 많으면 좋겠어. **가벼운** 것이 우선이지만 디자인이 나빠서도 안 돼. 이번 달에 상여금을 받았으니 나에게 이 정도 선물은 해 줘야지. 네 가지 가방 가운데 무엇을 고르면 좋을까?'

일단 네 가지 항목 중에서 가장 중요한 것을 판단해 세로축에 둬야 합니다. 금액은 중요치 않기 때문에 '무게, 수납공간, 디자인' 중에서 선택해 봅시다. 가벼운 것이 좋다는 것을 가장 먼저 언급했고, 우선이라고 이야기했습니다. 따라서 '무게'가 가장 중요한 비교 항목임을 알 수 있습니다.

먼저 '무게'를 세로축으로 설정합니다. '무게' 축 양쪽에는 '가벼움'과 '무거움'을 적어야 하는데, 어떤 것을 위에, 어떤 것을 아래에 둬야 할까요? 세로축에는 더 중요하게 생각하거나 더 선호하는 쪽을 위쪽에 놓아야 완성 후 파악하기가 쉽습니다. 여기서는 '가벼움'을 위쪽에 두도록 하죠.

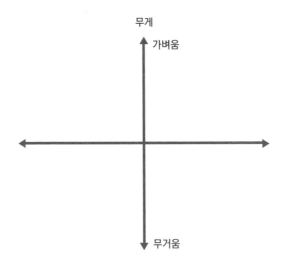

무게

가벼움

무거움

## 가로축 결정하기

가로축은 '수납공간'과 '디자인' 중에 선택해야 합니다. 다시 문구를 살펴봅시다.

'편하게 메고 다닐 백팩이 필요해. 자주 메고 다닐 계획이라 가벼우면서도 수납공간이 많으면 좋겠어. 가벼운 것이 우선이지만 **디자인이 나빠서도 안 돼.** 이번 달에 상여금을 받았으니 나에게 이 정도 선물은 해 줘야지. 네 가

지 가방 가운데 무엇을 고르면 좋을까?'

　'디자인'은 포기할 수 없는 항목이라는 것을 알 수 있습니다. 따라서 '디자인'을 가로축으로 삼습니다. 가로축 양쪽에도 '좋음'과 '나쁨'을 놓아야 합니다. 가로축에서는 어느 쪽에 '좋음'을 놓아야 할까요? 오른쪽에 더 선호하는 것을 놓는 것이 좋습니다.

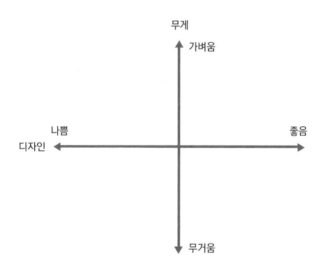

## 비교 대상 적용하기

세로축과 가로축을 완성했다면, 이제 비교 대상을 적용해 봅시다.

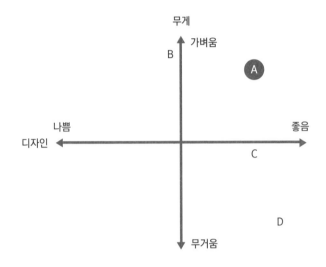

A~D의 가방을 포지셔닝 맵에 적용하니, 어떤 제품을 구매하면 좋을지 쉽게 파악할 수 있습니다. 원하던 것이 가볍고 디자인이 좋은 제품이기 때문에 오른쪽 상단에 있는 A 가방을 선택하면 됩니다.

● 가장 중요한 항목을 가로축 오른쪽에 두는 이유는 무엇일까요?

　최종적으로 결정할 항목이 오른쪽 상단에 모이기 때문입니다. 만약 두 번째로 중요한 항목인 '디자인'을 세로축으로 설정한다면 어떻게 될까요? 제외할 대상인 B와 C가 위쪽 영역에 나타날 것입니다. A, B, C 항목이 모두 상단에 노출되기 때문에 최종적으로 선택할 때 혼란을 가져오게 되죠. 중요한 항목이 세로축 아래에 있어도 최종 선택할 제품이 하단에 보이기 때문에 중요성을 간과하기 쉽습니다. 중요한 항목이 오른쪽 상단에 위치해야 직관적으로 비교하기가 쉽습니다.

# 확실한 비교를 통한 문제 해결
## 매트릭스

매트릭스는 엑셀과 같은 표 구조로 되어 있어 매우 친숙할 것입니다. 매트릭스에서는 가로(열) 세로(행)로 나눈 칸에 정보를 정리해서 누락된 항목을 발견할 때 사용합니다. 또는 항목 사이에 새로운 관계를 찾아내도록 도와주는 도구이기도 합니다. 경영 컨설턴트가 과제를 분석할 때 자주 사용하는 형태이기도 합니다. 여기서는 SWOT 분석, 시간 관리 매트릭스에 대해 알아봅시다.

## SWOT 분석이란?

| 강점(Strengths) | 약점(Weaknesses) |
|---|---|
| 기회(Opportunities) | 위협(Threats) |

 

    SWOT 분석은 기업의 내부와 외부 환경을 분석해 강점strength, 약점weakness, 기회opportunity, 위협threat 요인을 파악하고, 이를 토대로 경영 전략을 수립하는 기법입니다. 미국의 경영 컨설턴트인 앨버트 험프리Albert Humphrey가 고안했습니다.

    SWOT 분석의 가장 큰 특징은 내부와 외부의 환경 변화를 동시에 파악할 수 있다는 것입니다. 내부 환경을 분석해 강점과 약점을 찾아내며, 외부 환경을 분석해 기회와 위협을 찾아냅니다. 이를 나에게 적용해 '나의 SWOT 분석'을 해 보면 나의 강점과 약점을 심층적으로 파악할 수 있습니다. 이를 바탕으로 나의 강점을 외부의 기회와 연결해서 분석해 보면 진로를 구상하는 데에도 많은 도움이 됩니다.

강점 : 내부 환경(나 혹은 회사의 자원)의 강점

약점 : 내부 환경(나 혹은 회사의 자원)의 약점

기회 : 외부 환경(경쟁, 고객, 거시적 환경)에서 비롯된 기회

위협 : 외부 환경(경쟁, 고객, 거시적 환경)에서 비롯된 위협

SWOT 분석은 자신의 강점을 최대한 활용하고 약점을 보완한다는 논리입니다. 또 외부의 기회는 최대한 살리고 위협은 회피하는 전략을 세울 수 있습니다. SWOT 분석을 통한 전략에 대해 더 알아봅시다.

〈SWOT 분석을 통한 전략 수립〉

SO 전략(강점-기회 전략) : 강점을 살려 기회를 포착

ST 전략(강점-위협 전략) : 강점을 살려 위협을 회피

WO 전략(약점-기회 전략) : 약점을 보완해 기회를 포착

WT 전략(약점-위협 전략) : 약점을 보완해 위협을 회피

|  | S 강점 | W 약점 |
|---|---|---|
| O 기회 | 적극적 공격<br>강점으로 기회를 살려<br>사업의 강화 및 확대 | 약점 극복<br>약점을 극복해<br>기회를 잡는다 |
| T 위협 | 차별화<br>강점을 살려<br>위험을 기회로 전환 | 방어<br>최악의 사태에 대비한<br>대책 마련 |

한식 프랜차이즈 사업을 하고 있다고 생각해 봅시다. 다음과 같은 SWOT 분석을 해 볼 수 있을 것입니다.

| 강점<br>전 연령층을 타깃으로 한 다양한 메뉴<br>타 뷔페에 비해 저렴한 가격<br>계절마다 새로운 메뉴 출시 | 약점<br>낮은 인지도<br>제휴 카드 및 할인 혜택 부족 |
|---|---|
| 기회<br><br>한식의 글로벌화, 한류 열풍<br>건강한 식단에 대한 관심 증대<br>한국식 집밥의 수요 증가<br>맛집 콘텐츠 활용 블로거, 유튜버 등의<br>증가 | 위협<br><br>경기 침체로 인한 외식의 부담<br>타 한식 프렌차이즈와의 경쟁<br>원재료비 상승 |

위의 SWOT 분석으로 전략을 수립하면 다음과 같습니다.

| | S 강점 | W 약점 |
|---|---|---|
| O 기회 | SO 전략<br>• 계절 채소를 이용한 건강 메뉴 출시 | WO 전략<br>• 유명 맛집 블로거 섭외<br>• 일반 블로거들에게 뷔페 이용권 제공하여 홍보 요청<br>• 대중적인 포인트 카드 업체와 제휴, 할인 제공 |
| T 위협 | ST 전략<br>• 계절별로 저렴한 재료를 주제로 한 신메뉴 출시 | WT 전략<br>• 유통 과정을 줄인 직거래로 원가 절감<br>• 직배송 시스템으로 신선한 재료 제공 |

## 시간 관리 매트릭스

다음 표는 『성공하는 사람들의 7가지 습관』의 저자 스티븐 코비 Stephen R. Covey 박사가 제시한 시간 관리 매트릭스입니다. 이 표는 해야 할 업무와 활동을 '긴급, 중요' 두 가지 항목으로 분류합니다. 우리는 보통 긴급하고 중요한 일은 늘 신경을 쓰곤 합니다. 하지만 우리가 더 신경 써야 할 항목은 2영역(긴급하지는 않지만 중요한 일)

|  | 긴급 | 긴급하지 않음 |
|---|---|---|
| 중요 | 긴급 회의<br>급박한 문제<br>마감 임박 프로젝트<br>돌발 상황 | 계획 수립<br>사고 예방<br>비전 확립<br>삶의 재충전 |
| 중요하지<br>않음 | 불필요한 보고 및 회의<br>중요하지 않은 이메일<br>사소한 SNS 메시지<br>다른 사람의 중요한 일 | 웹 서핑<br>TV 시청<br>험담<br>지나친 휴식<br>시간 낭비의 하찮은 일 |

입니다. 시간 관리 매트릭스의 핵심은 긴급하지 않지만 중요한 일의 우선순위를 올리는 것이라고 할 수 있습니다. 사실 이 일들은 꼭 해야 하는 중요한 사안들입니다. 단지 바쁘다는 핑계로 미뤄 두었던 것뿐입니다.

우리는 대부분 곧바로 대응해야 하는 1영역(긴급하고 중요한 일)에만 집중하고 끌려다니다 결국 지쳐 버리곤 합니다. 제대로 계획하지 않고 무작정 달려들기만 했던 결과이기도 합니다. 코비 박사는 2영역에 집중해야 한다고 말합니다. 그 일들이 궁극적으로 건강한 삶과 행복을 찾게 하는 원천이기 때문입니다. 이제부터라도 2영역에 해당하는 것이 무엇인지 정확히 알고 그 일에 집중하도록 합

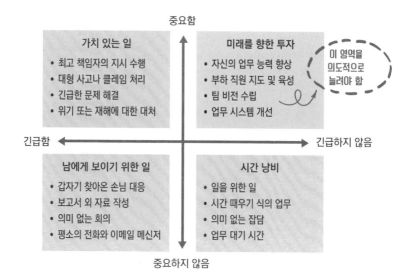

시다.

　시간 관리 매트릭스(중요도/긴급도 매트릭스)보다 더 장기적인 관점에서 '삶과 일의 균형'을 생각하고 싶을 때는 필요Need/욕구Want 매트릭스를 활용해 볼 수 있습니다. 먼저, 자신이 원하는 일과 원치 않는 일, 사회나 조직에서 필요로 하는 일과 필요치 않은 일로 나눠 정리합니다. 내가 원하지 않았지만 남에게 보이기 위해 어쩔 수 없이 하는 일이 있다고 생각해 봅시다. 그 일이 업무적으로 또는 사회적으로 꼭 필요한 일인지 다시 한 번 생각합니다. 만약 그렇지 않다면 이 일보다 좀 더 의미 있는 일, 생산적인 일을 하자는 의미입니다.

직장인만 생각 정리가 필요한 것이 아닙니다. 재취업을 원하지만 여건상 육아를 하고 계신 여성분들도 그렇습니다. 정보 공유라는 이유로 나가기 싫은 엄마들 모임에 참여하는 시간은 버리고 진정으로 나를 성장시키기 위한 일을 하는 것은 어떨까요? 평소에 별 생각 없이 하던 행동들을 생각 정리 매트릭스로 정리한다면 앞으로는 더 의미 있는 일에 집중할 것입니다. 내가 원하지도 않고 사회적으로도 불필요한 일에 시간을 할애하기보다, 내가 원하고 사회적으로도 필요한 일에 더 집중해서 좀 더 가치 있게 살도록 합시다.

〈Need/Want 매트릭스〉

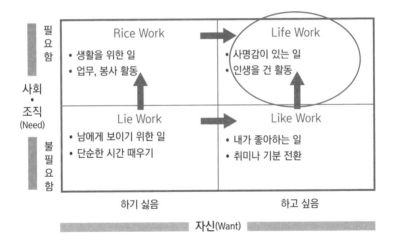

# 명확하고 심플한 절차 파악 노하우
## 프로세스 맵

'프로세스 맵'은 현재 하고 있는 일이나 앞으로 할 일의 절차를 쉽게 파악하도록 도와주는 툴입니다. 단계별로 목표까지의 과정을 '시각화'하는 데 도움을 주기 때문에 업무 진행 과정을 점검하고 싶을 때 사용해도 좋습니다. 행동 이력이나 컴퓨터 처리의 흐름 등을 나타낼 때도 사용이 가능합니다. 머릿속에 좋은 아이디어는 있는데 어떻게 실행해야 할지 막막할 때 있지 않으셨나요? 그럴 때도 프로세스 맵이 아이디어를 구체적으로 실행할 수 있도록 도와줄 것입니다.

| STEP 1 | STEP 2 | STEP 3 | STEP 4 | STEP 5 |
|--------|--------|--------|--------|--------|
| A 진행 | B 진행 | C 진행 | D 진행 | E 진행 |

위의 그림은 업무 과정과 절차를 시각화한 것입니다. A에서 E에 해당하는 구체적인 업무를 기재하면 됩니다. 우리가 회사에서 하는 업무는 대체적으로 여러 가지 작업과 연계됩니다. 팀 내에서 연계되거나 다른 팀의 업무와 연계되어 있기도 합니다. 업무를 처리하는 많은 과정 가운데 한 부분에서 문제가 발생하거나 부진하면 나머지 작업을 아무리 열심히 해도 기대만큼 성과가 나오지 않습니다. 프로세스 맵은 큰 틀에서 하나의 흐름으로 표현하는 방법입니다. 그렇기에 업무를 계획할 때나 분석할 때, 전체적으로 관리할 때 매우 유용합니다.

예를 들어 회사에서 신제품을 출시하기 전에 체험단에게 먼저 샘플을 제공한다고 가정해 봅시다. 이 업무의 절차를 간략하게 정리하면 다음과 같은 프로세스로 나타낼 수 있습니다.

절차를 미리 파악해 두면, 해당 업무와 관련된 관계자와 업무 흐

| STEP 1<br>체험단<br>모집 | STEP 2<br>상품<br>포장 | STEP 3<br>운송장<br>작성 | STEP 4<br>배송 업체<br>인수 | STEP 5<br>배달<br>완료 |

름을 쉽게 공유할 수 있습니다. 또 서로 의견을 맞춰 볼 때도 유용합니다. 뿐만 아닙니다. 문제가 될 만한 단계를 미리 예측해 사전에 대책을 마련해 놓을 수도 있습니다. 미리 예측하고 대비하면 실수도 줄이고, 깔끔한 업무 처리로 신용도도 높아질 것입니다. 다음과 같은 경우에는 문제가 될 만한 단계를 이런 식으로 미리 예측해 볼

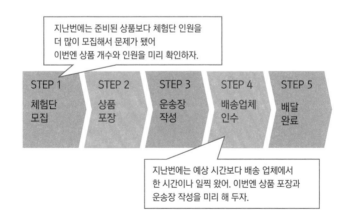

지난번에는 준비된 상품보다 체험단 인원을
더 많이 모집해서 문제가 됐어
이번엔 상품 개수와 인원을 미리 확인하자.

| STEP 1<br>체험단<br>모집 | STEP 2<br>상품<br>포장 | STEP 3<br>운송장<br>작성 | STEP 4<br>배송업체<br>인수 | STEP 5<br>배달<br>완료 |

지난번에는 예상 시간보다 배송 업체에서
한 시간이나 일찍 왔어. 이번엔 상품 포장과
운송장 작성을 미리 해 두자.

수 있습니다.

절차가 더 복잡한 업무를 처리할 때나 다른 부서와 협조해서 업무를 할 때도 유용하게 활용할 수 있습니다. 프로세스 맵을 작성할 때는 먼저 업무가 몇 단계로 이뤄지는지 파악합니다. 그리고 긴 문장은 최대한 간략하게 표현을 가다듬는 것이 좋습니다. 예를 들어 '고객이 사용하면서 불편했던 사항들에 대해 알아본다'의 경우 '문제점 파악' 정도로 기재하면 됩니다. 업무의 단계가 많을 때는 그림 모양을 바꿀 수도 있습니다. 아래와 같이 사각형과 화살표를 이용해 세로로 글자를 기재하면 됩니다. 목표 달성까지의 절차를 한눈에 파악하기 쉬울 것입니다.

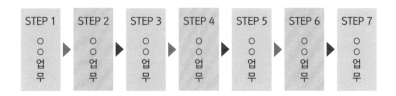

업무의 단계는 한 단계 끝나고 다음 단계가 실행되는 것이 아니라 동시에 진행되기도 합니다. 그럴 땐 다음과 같이 그리면 됩니다. 이렇게 하면 각 담당 부서나 담당자가 할 업무를 명확히 나누고 작업에 소요되는 시간도 예상할 수 있습니다. 아울러 겹치는 지점이 어디인지도 확실하게 파악됩니다.

예) 시스템 개발 프로세스

| STEP 1 | STEP 2 | STEP 3 | STEP 4 |
|--------|--------|--------|--------|
| 요구 분석 | 시스템 설계 | 시스템 구현 | 시험 및 평가 |

| | 담당자 | 1월 | 2월 | 3월 | 4월 |
|---|---|---|---|---|---|
| 요구 분석 | 김○○ | ➡ | | | |
| 시스템 설계 | 이○○ | | ➡ | | |
| 시스템 구현 | 박○○ | | | ➡ | |
| 시험 및 평가 | 최○○ | | | | ➡ |

# 최강의 기억법과 무한한 창의력 빗장 풀기 마인드맵

지금까지 상황에 따라 적용할 수 있는 생각 정리 툴에 대해 알아보았습니다. 그렇다면 기억력을 높이는 데 효과적인 도구는 과연 무엇일까요? 바로 마인드맵입니다. 마인드맵의 어떤 특성이 기억력을 높이는 데 효과적으로 작용할까요? 이제부터 마인드맵의 놀라운 능력에 대해 파헤쳐 봅시다.

## 마인드맵이란?

마인드맵은 다채로운 색과 그림으로 표현 가능한, 시각적인 형태를 지닌 노트 필기법입니다. 기호, 그림, 색상 등을 활용해 떠오르는 생각들을 방사형으로 펼치며 기록하는 방식입니다. 마인드맵의 핵심은 중심 개념central idea 또는 중심 이미지입니다. 중심에서 사방으로 뻗어 가는 형태로 세분화하면서 가지들을 그려 주면 됩니다.

중심 개념에서 뻗어 나오는 가지는 주개념main idea을 나타내는 '주가지'가 됩니다. 주가지에서 부개념sub-idea, 즉 '부가지'가 뻗어 나옵니다. 이런 부가지에 더 세부적인 부가지를 만들면서 더 자세한 세부 사항들을 확장해 나갈 수도 있습니다. 이런 식으로 가지들이 뻗어 나가듯이 생각을 하면, 생각이 확장되면서 창조적인 사고가 사방으로 확산되는 것입니다. 아이디어를 확장하려면 기존 아이디어에서 마치 연상 게임을 하듯이 뻗어 나가면 됩니다. 따라서 자유롭게 창의력을 펼치기 위한 도구로 활용해도 매우 효과적입니다.

## 기억에 오래 남는 이유

쉽게 기억하고, 오래 기억에 남게 하는 방법은 이미지를 통해 시각화하는 것입니다. 심리학자 헤드윅 폰 레스토프Hedwig von Restorff는 "어떤 목록에서 한 가지 항목이 눈에 잘 띈다면 사람들은 그것을 더욱 잘 기억할 것이다"라고 말했습니다. 만약 여러 가지 숫자들이 기재되어 있는 목록에서 중간에 글자가 하나가 기재되어 있는 항목을 보았다고 생각해 봅시다. 아마 다른 숫자들보다 그 글자가 기억에 더 오래 남을 것입니다. 그 글자가 목록의 여러 항목들과 형태가 다르기 때문이죠. 이것을 '레스토프 효과'라고 합니다.

가지처럼 뻗어 나가는 형태인 마인드맵은 다른 생각 도구들처럼 정형화된 틀에 제한을 받지 않습니다. 나만의 길이, 나만의 굵기 등 아주 자유롭게 가지들을 그릴 수 있습니다. 거기에 그림도 함께 그려 넣을 수 있기 때문에 다소 우습거나 개성 있는 형태의 표현도 가능합니다. 완성된 마인드맵에서 어떤 부분이 눈에 잘 띈다면 뚜렷한 기억으로 남을 것입니다. 이런 식으로 기억을 사용하는 데 재미를 느낀다면, 우리의 기억력이 얼마나 좋았는지 알게 돼 새삼 놀랄지도 모릅니다.

중학교 가정 시간에 식품 5군에 대해 배운 적이 있습니다. 그 당시에 식품 5군을 외우기 위해 그림을 그려 기억하는 방법을 썼었는데, 그때는 미처 깨닫지 못했지만 그 그림은 마인드맵의 형태였습니다. 덕분에 20여 년이 지난 지금까지도 식품 5군에 대해 뚜렷이 기억하고 있습니다.

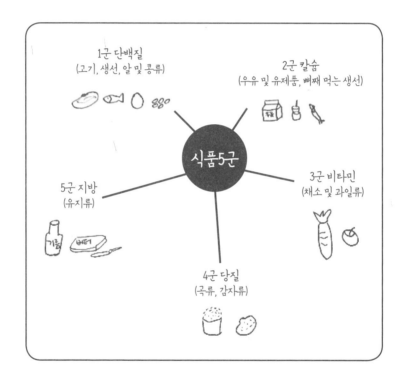

기업의 재정 상태를 알고 싶을 때 '재무 상태표'를 열람합니다. 만약 재무 상태표의 항목을 기억하고 싶다면, 마인드맵을 활용해 보세요. 아마도 이런 형태가 될 것입니다. 여기에 색을 입히거나 글씨체를 바꾸거나 그림을 그려 넣어서 더 오래 기억에 남도록 만들면 됩니다. 내가 기억하고 싶은 그 어떤 것이든 나만의 방식으로 그려 보세요. 세상에 하나뿐인 독특하고도 강렬한 나만의 기록이 될 것입니다.

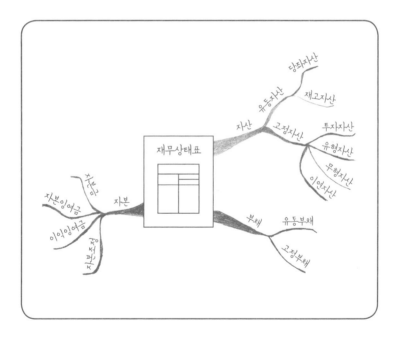

## 업무에 적용해 보기

마인드맵을 활용해 '고객과 클라이언트 관리'를 효과적으로 하는 방법에 대해 생각해 봅시다. 비즈니스에서 중요한 사항 중 하나는 지금의 고객을 만족시켜 계속 거래를 유지하는 일일 것입니다. 유능한 직원은 고객과 좋은 관계를 맺는 데 탁월한 능력을 가졌습니다. 더 나아가 친구처럼 편한 관계를 만들기도 합니다.

고객과의 친밀한 관계는 고객이 회사에 더 충성하도록 이끕니다. 고객은 담당 직원에게 관심을 충분히 받는 대상이 되었다고 느꼈기에 좋은 관계로 발전했을 것입니다. 관심의 기본은 무엇일까요? 고객의 성향을 최대한 이해하고 고객의 세부적인 특성까지 기억해 주는 것입니다. 관심을 가져야 고객의 니즈를 파악하는 것이 수월해지고 고객의 가려운 부분을 시원하게 긁어줄 수 있을 것입니다.

그런데 한두 명도 아닌 다양한 고객들의 세세한 부분을 기억하고 만족시키려면 어떻게 해야 할까요? 바로 고객을 마인드맵하는 것입니다. 재무 설계 전문가가 되어 여러 고객들을 만나 컨설팅해야 한다고 가정해 봅시다. 다음 고객의 정보를 보고 마인드맵을 해 봅시다.

고객 A : 33세 남성, 미혼, 회사 업무가 매우 바쁘다. 업무 스트레스가 많아 약을 복용할 때가 있다. 가족과 친구를 최우선으로 생각한다. 최근 가장 큰 관심사는 휴식을 취하는 것이다. 바쁜 와중에도 틈만 나면 게임을 한다. 직업은 프로그램 개발자이고, 수입은 연봉 4천만 원 정도이다. 저축보다 친구를 만나서 술을 마시거나 여행을 하는 데 지출을 많이 하고 있다.

고객 B : 42세 여성, 기혼, 자녀 두 명. 직업은 프리랜서 강사이다. 평소 건강을 중요시하기 때문에 운동을 많이 한다. 긍정적인 마인드의 소유자이다. 가족과 학습자들을 최우선으로 생각하고, 자기 계발도 매우 중요하다고 생각한다. 그중에서도 영어에 관심이 많다. 최근에는 아이들과 함께하는 테니스에 빠져 있다. 본인의 수입은 일정치 않으며, 남편의 연봉은 6천만 원 정도이지만 실적에 따른 상여금이 있다. 고정적으로 지출되는 항목은 관리비, 식비, 공과금, 교육비 등이다. 건강식품 구입에 지출이 잦으며 커피 값도 꽤 나온다. 가족과의 여행을 자주 가는 편이다. 주변 지인들에게 선물을 사 주는 것을 좋아한다.

<〈고객을 마인드맵 하려면?〉>

1) 마인드맵의 중앙에 고객의 모습을 떠올리며 그림을 그립니다. 고객의 특징을 살려 그림을 그리면 좋겠죠. 사진 정보가 있다면 사진을 붙이는 것도 한 방법입니다. 고객을 책이나 영화 속의 주인공이라 생각해 보고, 별명을 지어 보는 것도 좋습니다.

2) 중앙에 그린 중심 이미지에서 주가지를 그린 다음, 고객에 대한 기본 정보를 나타냅니다. 주가지는 고객의 나이와 성별, 가족관계, 재정 상태, 우선순위와 삶의 가치, 라이프 스타일 등의 다양한 영역으로 나눌 수 있습니다.

3) 부가지에는 고객 정보를 좀 더 세부적으로 기재합니다. 예를 들면 '자금 상태'에 월 저축액을 적을 수도 있고, 어떤 항목에서 지출하는지 세세하게 적을 수도 있습니다.

4) 조금 더 기억하기 쉽게 하려면 간단한 그림 등을 추가하는 것이 좋습니다. 개성 있는 그림은 더 쉽게 기억하고, 기억된 정보가 쉽게 떠오르도록 도와줄 것입니다.

5) 완성된 마인드맵을 눈으로 보면서 익힙니다. 고객 정보가 필요할 때 그림을 떠올리면 성공!

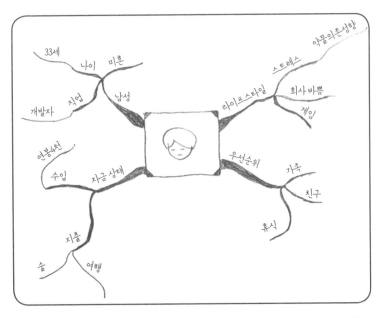

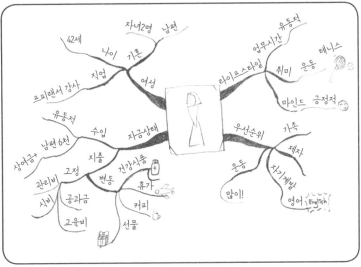

118

# 한눈팔 틈이 없는 목표 달성 노하우
## 만다라트

만다라트는 생각을 확장시킬 수 있게 도와주는 툴입니다. 투수와 타자 두 개의 무기를 가진 일본의 프로야구 선수 오타니 쇼헤이가 자신의 성공 비결로 '만다라트 실천법'을 언급하면서 유명해졌습니다. 일본의 디자이너인 이마이즈미 히로아키가 '만다라'에서 영감을 얻어서 만든 발상 기법입니다.

만다라트는 본질의 깨달음을 뜻하는 만달Mandal, 달성을 뜻하는 라La, 기술을 뜻하는 아트Art가 결합한 말입니다. 즉 '만달라 Mandala'는 '목적을 달성하다'라는 뜻과 'Art'가 합쳐진 하나의 단어입니다. 만다라트는 결국 '목적을 달성하는 기술 혹은 틀'을 뜻합니다.

만다라트는 목표를 이루기 위한 핵심과 그 핵심을 달성하기 위한 세부 항목을 작성하는 방식으로 구성됩니다. 오타니는 고등학교 1학년 때 '8구단 드래프트 1순위'를 목표로 만다라트를 만들었습니다. 목표를 달성하기 위한 여덟 개의 아이디어를 도출하고, 그 아이디어를 실현할 구체적인 실천 계획을 여덟 개씩 채웠습니다. 만다라트의 장점은 목표를 달성하기 위한 구체적인 실천 방법을 64개까지 확장해, 결국 궁극적인 목표를 달성할 수 있게 도와준다는 것입니다.

만다라트는 '핵심 목표'가 정중앙에 있는 아홉 칸짜리 표로 구성되어 있습니다. 정 가운데에 이루고 싶은 핵심 목표를 적고, 그것을 둘러싼 나머지 여덟 칸에는 목표를 이루기 위해 필요한 핵심 키워드를 적습니다. 그리고 여덟 개의 핵심 키워드를 주변으로 확장합니다. 핵심 키워드에서 확장된 여덟 개의 칸에 그것을 이루기 위한 구체적인 수단을 적으면 됩니다.

## 〈오타니 쇼헤이의 만다라트〉

| 몸 관리 | 영양제 먹기 | FSQ 90kg | 인스텝 개선 | 몸통 강화 | 축을 흔들리지 않기 | 각도를 만든다 | 공을 위에서 던진다 | 손목 강화 |
|---|---|---|---|---|---|---|---|---|
| 유연성 | 몸 만들기 | RSQ 130kg | 릴리스 포인트 안정 | 제구 | 불안정을 없애기 | 힘 모으기 | 구위 | 하체 주도로 |
| 스태미나 | 가동역 | 식사 저녁 7수저 (가득) 아침 3수저 | 하체 강화 | 몸을 열지 않기 | 멘탈 컨트롤 하기 | 볼을 앞에서 릴리스 | 회전 수업 | 가동역 |
| 뚜렷한 목표, 목적을 가진다 | 일희일비 하지 않기 | 머리는 차갑게 심장은 뜨겁게 | 몸 만들기 | 제구 | 구위 | 축을 돌리기 | 하체 강화 | 체중 증가 |
| 핀치에 강하게 | 멘탈 | 분위기에 휩쓸리지 않기 | 멘탈 | 8구단 드래프트 1위 | 스피드 160km/h | 몸통 강화 | 스피드 160km/h | 어깨 주위 강화 |
| 마음의 파도를 만들지 말기 | 승리에 대한 집념 | 동료를 배려하는 마음 | 인간성 | 운 | 변화구 | 가동역 | 라이너 캐치볼 | 피칭을 늘리기 |
| 감성 | 사랑받는 사람 | 계획성 | 인사하기 | 쓰레기 줍기 | 부실 청소 | 카운트 볼 늘리기 | 포크볼 완성 | 슬라이더의 구위 |
| 배려 | 인간성 | 감사 | 문건을 소중히 쓰자 | 운 | 심판분을 대하는 태도 | 늦게 낙차가 있는 커브 | 변화구 | 좌타자 결정구 |
| 예의 | 신뢰받는 사람 | 지속력 | 플러스 사고 | 응원받는 사람이 되자 | 책 읽기 | 직구와 같은 폼으로 던지기 | 스트라이크 에서 볼을 던지는 제구 | 거리를 이미지한다 |

1) 3×3칸으로 된 사각형을 가로 세 개, 세로 세 개로 배치하여 총 아홉 개를 제시합니다.
2) 중앙에 있는 사각형의 가운데에 핵심 목표를 적습니다. 해결하고자 하는 이슈, 문제 등을 적어도 됩니다. 새로운 아이디어를 도출해야 한다면 그와 관련된 주제 등을 적습니다. 예를 들면 신제품을 개발해야 한다면 'OO 개발'이라고 적는 것이죠.
3) 정중앙의 핵심 목표에 대한 하위 목표(핵심 키워드) 여덟 개를 적습니다. 알찬 '1년 계획'을 세우는 것이 최종 목표라면 하위 목표에 건강, 가족, 인간관계, 자기 계발 등의 키워드를 적을 수 있겠죠. 만약 '신제품 개발'이 목표라면 아이디어, 솔루션, 용도 등으로 적으면 됩니다.
4) 지금까지 적은 사각형 주변으로, 둘러싸여 있는 여덟 개 사각형이 보일 것입니다. 그 중심에 최종 목표에 대한 하위 목표 여덟 개를 그대로 옮겨 적습니다.
5) 이제 여덟 개의 하위 목표와 관련된 실행 수단 등을 둘러싸인 여덟 개 칸에 채우면 됩니다.
6) 최종 목표를 위한 세부 목표 64개가 채워지면 완성!

만다라트는 중심에 있는 큰 목표를 이루기 위해 주변의 작은 목표 여덟 개를 명확하게 세우도록 해 줍니다. 또 구체적으로 해야 할 일들까지 한눈에 정리할 수 있게 도와주기도 합니다. 따라서 목표를 세우고 실천 방법을 모색할 때 매우 효과적입니다. 목표 달성뿐 아니라 아이디어를 확장시킬 때 활용해도 매우 유용합니다. 주변의 여덟 칸을 채우고 싶은 욕구가 아이디어를 샘솟게 도와주기 때문입니다.

# 아이디어가 마구 샘솟는다
## 스캠퍼, 서른일곱 가지 변환 요소

마인드맵이나 만다라트처럼 브레인스토밍 방식으로 아이디어를 이끌어 내는 방법을 알아봤습니다. 그런데 그렇게 해 봐도 좀처럼 아이디어가 팍팍 떠오르지 않거나 더 새로운 발상을 하고 싶은 순간이 나타나면 어떻게 해야 할까요? 이럴 때는 기존에 있던 무언가에서 관점을 바꿔 생각해 볼 필요가 있습니다. 이때 관점을 바꿔 새로운 아이디어를 이끌어 내도록 도와주는 툴이 있습니다. 바로 '스캠퍼'와 '서른일곱 가지 변환 요소'입니다.

## 스캠퍼

기존의 아이디어에 대체 가능 여부, 결합 가능 여부 등 일곱 가지 질문을 해 새로운 아이디어를 떠올리는 데 도움을 주는 툴입니다. 기존의 아이디어에서 진전이 없을 때 사용하면 효과적입니다. 미국의 교육행정가인 밥 에벌Bob Eberle이 고안해 낸 창의력 증진 기법입니다. 기존에 존재했던 제품이나 서비스, 프로세스 등에서 더하기나 빼기 혹은 변형을 통해 새로운 것을 만드는 기법입니다.

아이디어 회의를 하고 있다고 생각해 봅시다. 아무리 생각해 봐도 기존의 아이디어에서 진전이 없는 상황이라면 어떨까요? 정말 답답하고 벗어나고 싶을 것입니다. 이럴 때 회의 진행자가 브레인스토밍을 하고 있는 회의 참여자들에게 이런 질문을 하는 것입니다. "~와 ~을 결합하면?", "기존 기능에서 ~한 기능을 제거한다면?" 식으로 말이죠. 기존에 있던 주제와 이 질문들을 조합해 보면 다양한 아이디어를 이끌어 낼 수 있습니다. SCAMPER라는 이름은 다음 일곱 가지 관점의 첫 글자를 모은 것입니다. 자세히 알아볼까요?

• Substitute 대체하다, 바꾸다

기존에 사용하던 것을 무엇으로 대체할 수 있을까? 예: 가스레인지-인덕션

• Combine 결합하다.

다른 새로운 것과 합쳐본다면? 예: 복사기 + 프린터 + 스캐너 + 팩스 = 복합기

• Adapt, Adjust 적용하다, 조절하다

이미 알려진 것을 어떻게 응용해 볼 수 있을까? 예: 문어의 빨판-흡착판

• Modify, Magnify, Minify 수정하다, 확대하다, 축소하다

기존 것을 수정, 확대, 축소해 볼 수 있을까? 예: 구형 TV-와이드 TV

• Put to another use 용도를 바꾸다

지금까지와 다른 용도로 사용할 수 있을까? 예: 계란판-방음벽

• Eliminate 제거하다, 빼다

기존에 있던 것 중 무엇인가를 뺄 수 있을까? 예: 무선 가전제품들, 디카페인 커피

• Reverse, Rearrange 역발상하다, 재배열하다

순서나 형식을 반대로 하거나 역발상으로 생각할 수 있을까? 예: 누드김밥


스캠퍼의 일곱 가지 질문을 초기 휴대전화에 적용해 봅시다. 다음과 같은 결과가 나올 수 있겠죠. 지금은 익숙한 기능들이지만 초

기에 출시되었던 휴대전화를 사용할 때까지만 해도 상상할 수 없었던 기능들이었습니다. 현재의 어떤 제품이 스캠퍼의 도움을 받는다면, 지금으로서는 상상할 수 없는 대단한 제품이 탄생하지 않을까요?

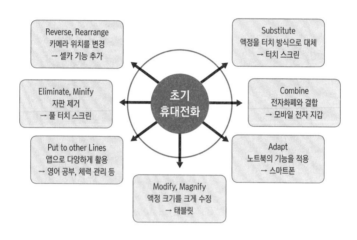

## 찰스 톰슨의 서른일곱 가지 변환 요소

찰스 톰슨이 개발한 서른일곱 가지 아이디어 카드를 활용해 발상력을 키우는 기법입니다. 기존에 있던 어떤 것에 카드에 기재된 질문을 추가해 새로운 결과를 도출해 내는 방법입니다. 기존 것에 새로운 질문을 던진다는 것은 스캠퍼와 비슷한 방식인데요, 카드에 기재된 제시어가 스캠퍼보다 더 구체적입니다. '서른일곱 가지 변환 요소'를 활용해 회의를 진행하는 순서는 다음과 같습니다.

1) 트럼프 크기의 아이디어 카드에 서른일곱 가지 변환 요소들을 하나씩 기입합니다.

1. 늘리면/줄이면
2. 로맨틱하게 하면/공포 분위기로 하면
3. 결합시키면/분리하면
4. 아동을 대상으로 하면/고령자를 대상으로 하면
5. 방한 처리를 하면/내열 처리를 하면
6. 빛을 쬐이면/어둡게 하면
7. 빨리 하면/천천히 하면
8. 오른쪽으로 돌게 하면/왼쪽으로 돌게 하면
9. 날카롭게 하면/무디게 하면
10. 얼리면/녹이면
11. 철자를 틀리게 하면/철자를 맞게 하면
12. 달게 하면/쓰게 하면
13. 균형을 맞추면/균형을 맞지 않게 하면
14. 꽉 조이면/느슨하게 하면
15. 긴장시키면/편안하게 하면
16. 쌓아 올리면/무너뜨리면
17. 묶으면/풀면
18. 위로 넘어가게 하면/아래로 지나가게 하면
19. 값을 올리면/값을 내리면

20. 음악으로 하면/그림으로 그리면
21. 향수를 불러일으키는 분위기로 하면/SF적인 분위기로 하면
22. 강하게 하면/약하게 하면
23. 휴대용으로 하면/한곳에 고정시키면
24. 개성적으로 하면/보편적으로 하면
25. 과장하면/조심스럽게 하면
26. 섹시하게 하면/섹시한 분위기를 빼면
27. 단순화하면/복잡하게 하면
28. 깨지기 쉽게 하면/잘 깨지지 않게 하면
29. 익살맞게 하면/진지하게 하면
30. 습하게 하면/건조시키면
31. 둘러싸면/찌르도록 하면
32. 일회용으로 하면/재생 가능하면
33. 날 수 있게 하면/물 위에 뜨게 하면
34. 뒤로 향하게 하면/옆으로 놓이게 하면
35. 자석을 달아 놓으면/자석을 떼면
36. 투명하게 하면/불투명하게 하면
37. 앞으로 나아가게 하면/뒤로 움직이게 하면

2) 카드 내용이 보이지 않게 뒤집어서 섞습니다.

3) 주제를 정한 후에 카드를 뽑습니다.

4) 뽑은 카드 앞면에 기재된 내용과 기존의 주제를 연관 지으면서 새로운 아이디어를 생각해 냅니다.

기존의 어떤 것에서 생각을 살짝만 바꾸어도 새로운 것이 나올 수 있습니다. 새로운 사업 계획을 구상해야 할 때, 새로운 아이템을 발굴해야 할 때 꼭 활용해 보시기 바랍니다.

# 직장인들의 활용 노하우

## 생각 정리로 질문 풀기

# 바탕화면 심플하게
# 정리하는 법

팀 회의를 마친 직후였습니다. 노 차장은 자신의 모니터로 자료를 보면서 추가 설명해 줄 것이 있다며 연경 씨를 데려갑니다. 회의실에서 나오자마자 자리에 앉기도 전에, 연경 씨는 노 차장의 자리로 가게 되었죠. "그 파일이 어디에 있더라….." 한참 파일을 찾는 노 차장. 그 옆에 멍하니 서 있자니 답답함이 밀려옵니다. 빈틈이 없는 바탕화면을 보니 숨은그림찾기라도 해야 할 것 같은 기분이 드네요. 결국 잠시 후에 다시 와 달라는 이야기를 듣고 연경 씨 자리로 돌아왔습니다.

일을 하다 보면 내가 만든 문서, 공유 받은 문서 등으로 보관해야 할 파일이 엄청나게 많아집니다. 특히 업무 중 중요한 문서를 메신저로 받을 때가 있습니다. 그 문서와 관련된 업무를 잊지 않기 위해, 또 눈에 잘 보이도록 하기 위해 일단 바탕화면에 저장을 하고 봅니다. 이런 식으로 일을 하다 보면 바탕화면은 금세 빈자리가 없어지죠. 늘 정신없이 바쁘게 일하다 보니 컴퓨터 정리할 시간조차 없다는 것은 이해합니다. 하지만 잠깐만 시간을 투자해서 정리해 놓으면 어떨까요? 잠깐의 시간 투자는 앞으로의 업무 효율과 시간 절약이라는 선물을 가져다줄 것입니다. 또 파일을 찾고 있을 때의 답답했던 마음도 시원하게 날려 줄 테고요.

컴퓨터 바탕화면에 다음과 같은 파일들이 뒤섞여 있다고 생각해 봅시다.

주간 업무 보고서 / 위임장 / A사 제안서 / B사 제안서 / 회의록 / 제안서 참고 자료 / 경비 정산 내역서 / A사 견적서 / B사 견적서 / A사 청구서 / 출장 결과 보고서 / A사 계약서 / 경쟁사 분석 자료

한눈에 파일 찾기가 쉽지 않겠네요. 그럼 이제 What 트리를 활용해서 정리해 볼까요?

## 항목 세분화

먼저 각 항목을 세분화합니다. 아래처럼 사각형 안에 항목들을 적어서 쭉 나열하기만 하면 됩니다. 이렇게 적어 놓으면 어떤 파일들이 있는지 대략 파악할 수 있습니다. 또 각 항목의 위치를 설정하거나 서로 비교하기도 수월해집니다.

| 주간업무 보고서 | 위임장 | A사 제안서 | B사 제안서 | 회의록 |
| 제안서 참고자료 | 경비정산 내역서 | A사 견적서 | B사 견적서 | A사 청구서 |
| 출장결과 보고서 | A사 계약서 | 경쟁사 분석자료 | | |

## 분류와 그룹화

나열된 항목들을 보고 쉽게 파악이 되는 큰 항목으로 나눕니다. 여기서는 '거래처와 관련된 파일'들과 '각종 서식', 그 외 '기타 문서'로 나눠 보겠습니다. 이제 서로 연관이 있는 파일들을 분류하고 모아서 그룹으로 묶어 주면 됩니다.

| 거래처 관련 문서 | | 각종 서식 | 기타 |
|---|---|---|---|
| A사 제안서 | B사 제안서 | 경비정산 내역서 | 주간업무 보고서 |
| A사 견적서 | B사 견적서 | 출장결과 보고서 | 회의록 |
| A사 계약서 | 제안서 참고자료 | 위임장 | |
| A사 청구서 | 경쟁사 분석자료 | | |

거래처 관련 문서는 'A사'와 'B사'로 나눕시다. 문서 작성 시 참고할 자료들도 따로 빼서 분류합니다. '주간 업무 보고서'와 '회의록'은 '기타'로 빼면 되겠네요. 이 외에 어느 항목에도 포함되지 않는 문서들도 모아서 기타 항목으로 묶어 두면 관리하기가 편할 것입니다.

**거래처 관련 문서**

| A사 | B사 | 각종 서식 | 기타 |
|---|---|---|---|
| A사 제안서 | B사 제안서 | 경비정산 내역서 | 주간업무 보고서 |
| A사 견적서 | B사 견적서 | 출장결과 보고서 | 회의록 |
| A사 계약서 | | 위임장 | |
| A사 청구서 | **참고자료** | | |
| | 제안서 참고자료 | | |
| | 경쟁사 분석자료 | | |

## WHAT 트리로 정리하기

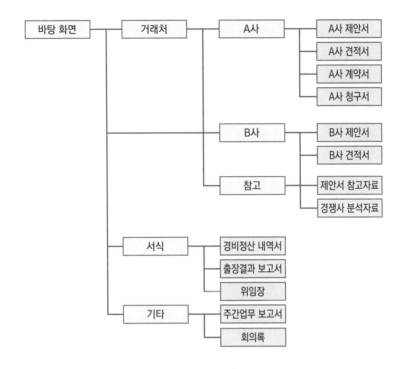

이런 식으로 거래처, 서식, 기타 폴더를 만듭니다. 각 폴더 안에 분류해 놓은 세부 자료들을 넣으면 깔끔하게 정리할 수 있습니다. 앞으로 저장할 문서들도 이미 정리된 폴더 안에 넣기만 하면 됩니다. 심플한 바탕화면은 업무의 압박감을 덜어 줄 것입니다. 바탕화면 정리에만 사용할 것이 아니라 컴퓨터 하드에 이리저리 흩어져 있는 파일들도 이렇게 정리해 봅시다. 업무할 때 파일을 찾느라 업무 흐름이 끊길 일이 없기 때문에 훨씬 효과적으로 집중할 수 있을 것입니다.

또 하나의 팁! 휴대전화에서 필요한 어플리케이션을 찾을 때 화면을 이리저리 마구 움직여서 겨우 찾는 분들 계시죠? 특히나 빵집에서 멤버십 카드로 할인을 받아야 할 때, 앱은 왜 이렇게 숨어 있는 것처럼 느껴질까요? 뒤에 기다리는 사람이라도 있으면 계산대 앞에서 참 난감하기만 합니다. 휴대전화에도 잠깐의 시간을 냅시다. 오래 걸리지 않습니다. 앱을 종류별로 분류해서 폴더에 정리해 보세요. 폴더만 열면 앱이 있으니 금세 찾을 것입니다.

# 업무 우선순위 정하고
# 체계적인 하루 보내기

성규 씨는 영업팀 대리입니다. 사원일 때보다 업무가 더 늘어났고, 업무의 중요도도 좀 더 높아졌습니다. 성규 씨는 이 일을 하다가 저 업무가 걱정이 돼 저 업무를 하는 식으로 일을 처리했습니다. 그때 부터 야근이 시작되었습니다. 업무를 자칫 잘못하다가 거래처의 클레임이라도 있으면 큰일이기에, 하나하나 매우 꼼꼼히 일을 처리하려고 애를 쓰는 성규 씨. 업무를 하나라도 놓치지 않으려고 매일 다이어리에 해야 할 일들의 리스트를 작성합니다. 중요한 업무는 포스트잇을 사용해 모니터에 붙여 놓고 신경 쓰려고 했고요. 그러다 보니 모니터에 포스트잇이 덕지덕지 붙어 있고 그걸 볼 때마다 압박이 밀려오곤 했습니다.

그 무렵 성규 씨는 어디선가 이런 문구를 보게 됩니다. '선택과 집중.' 성규 씨는 머리를 한 대 맞은 것 같은 기분이 들면서 정신을 차렸습니다. 그때부터 성규 씨는 아침에 잠깐 시간을 내서 업무 우선순위를 정했습니다. 그리고 한 가지 업무에 집중한 뒤 그 일이 끝나면 다음 일을 하는 식으로 업무를 처리했습니다. 결과는 놀라웠죠. 하나에 집중하다 보니 효율도 높아졌고, 업무 시간이 단축되면서 야근에서도 벗어날 수 있었습니다. 자, 그럼 이제부터 성규 씨가 어떻게 업무 우선순위를 정했는지 알아봅시다.

## 해야 할 일 리스트 작성

먼저 해야 할 일들을 떠올리면서 쭉 적습니다. 성규 씨의 업무 리스트입니다.

- 다음 달 중에 신규 프로젝트와 관련된 기획서를 작성한다(자료 조사도 해야 한다).
- 팀장이 지시한 영업 할당량 다섯 건을 다음 주 중으로 달성한다.
- 고객 불만을 처리한다.
- 매출 증가에 따른 회사 소개 자료를 다다음주 중으로 업데이트한다.
- 서류가 뒤섞여 있는 책상을 정리한다.

## 항목별 우선순위 정하기

일의 우선순위를 두 가지를 기준으로 해서 고려했습니다. 하나는 '긴급도(마감까지 시간이 얼마나 남았는가)'이고, 또 다른 하나는 '소요 시간(해당 업무를 하는 데 시간이 얼마나 필요한가)'입니다.

먼저 긴급도에 대해 생각해 봅시다. 고객 불만의 경우 바로 처리하는 것이 좋겠죠. 신규 프로젝트 관련 업무는 다음 달에 해도 되니아직 시간이 남아 있습니다. 책상 정리는 기한이 정해져 있는 것이아니니 급하지 않습니다. 이렇게 하나하나 생각해 보면 '긴급도'를 기준으로 업무의 순위를 정할 수 있습니다.

'소요 시간'에 대해서도 생각해 봅시다. 신규 프로젝트 관련 업무는 어려운 업무에 속하며 시간이 꽤 오래 걸릴 것으로 예상됩니다. 영업 할당량 달성은 일주일 정도 걸릴 듯합니다. 그 외의 업무는 몇 시간 이내에 처리할 수 있는 일들입니다. 이런 식으로 각 항목들을 생각하면서 소요 시간과 관련한 순위도 정합니다. 이제 다음과 같이 표 형식으로 작성해 봅시다.

| | 긴급도 | 소요 시간 |
|---|---|---|
| 신규 프로젝트 기획서 작성 | 4 (다음달 중) | 5 (일주일 이상) |
| 영업 할당량 달성 | 2 (다음주 중) | 4 (일주일 이내) |
| 고객 불만 처리 | 1 (당장) | 1 (30분 정도) |
| 회사 소개 자료 업데이트 | 3 (다다음주 중) | 3 (두 시간 정도) |
| 책상 정리 | 5 (마감 없음) | 2 (한 시간 이내) |

## 점그래프 작성

만들어 둔 표를 보고 그래프에 점으로 나타내 봅니다. 긴급도를 세로축에, 소요 시간을 가로축에 놓고 그래프를 그려 봅시다.

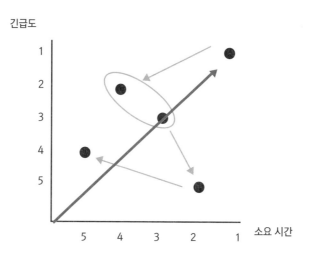

이렇게 우선순위가 정해졌습니다. 이제 선택과 집중을 통해 업무를 처리하기만 하면 됩니다. 그럼 무엇부터 처리하면 좋을까요? 가장 먼저 처리할 것은 소요 시간이 짧고 긴급도가 높은 업무겠죠. 업무를 효율적으로 처리하려면 그래프의 오른쪽 상단에 위치하는 업무부터 순서대로 처리하면 됩니다. 긴급도가 높지 않을 경우 소요 시간이 짧은 것부터 처리하면 해야 할 일의 목록을 빠르게 지우며 가벼운 기분을 느낄 수 있을 것입니다.

1순위 : 고객 불만 처리

2순위 : 영업 할당량 달성, 회사소개 자료 업데이트(동시에 병행한다.)

3순위 : 책상 정리

4순위 : 신규 프로젝트 기획서 작성

여기서는 기준을 긴급도와 소요 시간으로 잡았습니다. 긴급도와 소요 시간이 아닌 '중요성과 긴급도' 두 가지를 기준으로 삼는 것도 가능합니다. 이렇게 하면 업무 중요도의 기준에 따라서 우선순위가 바뀌겠죠.

도구를 활용하기 전에 어떤 항목에 더 중점을 둘 것인지 스스로 판단해서 결정하는 것이 좋습니다. 도구를 활용하는 것은 정확한 답을 찾기 위해서가 아닙니다. 도구는 보다 효율적으로 생각하고, 효과적으로 업무를 처리하기 위한 수단입니다. 따라서 도구의 특성을 잘 파악하고 스스로 유연하게 활용한다면 큰 도움이 될 것입니다.

# 더 이상의 실수는 그만!
# 완벽한 업무 처리 노하우 대방출

기준 씨는 오늘도 팀장에게 질책을 받았습니다. 분명히 지시 사항을 제대로 이해하고 잘 처리했다고 믿었는데 또 실수가 발견됐습니다. 다행히 아주 큰 사고로 이어지지는 않았지만 크고 작은 실수가 반복되니 미운털이 콕 박힌 듯합니다. 도대체 무엇이 문제였을까요? 기준 씨는 더는 안 되겠다 싶어 최근에 있었던 일들을 쭉 적어 보기로 했습니다.

보고서가 필요한데 메일로 간단히 보고를 했다.

직접 보고하라고 했는데 이메일로만 보고했다.

인사팀장에게 제출해야 할 자료를 총무팀장에게 제출했다.

제출할 자료의 마감 기한을 제대로 확인하지 않았다.

분기별 자료가 필요한데 월별 자료만 작성했다.

기본 양식이 있는데 활용하지 않고 새로 작성했다.


태생적으로 덜렁대는 사람일까요? 기준 씨는 자신이 왜 이렇게 실수투성이인지 괴롭기만 합니다. 어떻게 하면 이런 실수에서 벗어날 수 있을까요? 기준 씨는 생각을 정리해 보기로 했습니다.


## 항목별 WHAT 트리 작성

업무를 처리할 때 확인해야 할 항목은 어떤 것들이 있는지 WHAT 트리를 활용해 적었습니다. 여섯 가지 중요한 항목으로 정리가 되었습니다.

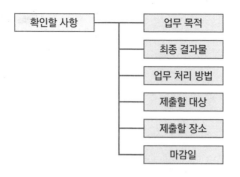

## WHAT 트리를 활용해 지시 받은 업무 점검

기준 씨는 그동안의 빈번한 실수들이 어떤 사항을 확인하지 못해 발생한 것인지 확인해 보기로 했습니다. WHAT 트리를 보면서 확인할 사항과 그간 실수했던 일들을 꼼꼼히 체크했습니다. 그동안의 일들이 어떤 부분을 놓쳐서 발생한 실수였는지 파악이 되었습니다.

보고서가 필요한데 메일로 간단히 보고를 했다. – 최종 결과물

직접 보고하라고 했는데 이메일로만 보고했다. – 제출 방법

인사팀장에게 제출해야 할 자료를 총무팀장에게 제출했다. – 제출할 대상

제출할 자료의 마감 기한을 제대로 확인하지 않았다. – 마감일

분기별 자료가 필요한데 월별 자료만 작성했다. – 업무 목적

기본 양식이 있는데 활용하지 않고 새로 작성했다. – 업무 처리 방법


며칠 후 기준 씨는 팀장에게 아래와 같은 업무 지시를 받았습니다.

"현재 시장 상황에 대해 파악해 봐야 할 것 같아요. 시장 분석 보고서를 제출해 주었으면 해요. 분석 방법은 기획팀의 고 대리가 잘 알고 있을 테니 협조를 구하도록 해요. 우리 팀 내에서 볼 것이기 때문에 격식은 갖추지 않아도 상관없어요. 저에게 메일로 제출해 주세요."

기준 씨는 WHAT 트리에 지시 사항들을 대입해 보기로 했습니다.

WHAT 트리를 활용해서 점검해 보니 마감일, 즉 제출 기한을 구

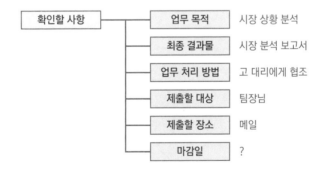

체적으로 언급하지 않았다는 것을 알게 되었습니다. 지난번에도 기한을 확실하게 해 두지 않아 갑작스럽게 자료 제출을 요구받은 적이 있었습니다. 보고를 하지 못해 질책을 받았던 기억도 떠올랐죠. 마감일이 명확하지 않으니 일을 미뤄 두다 그렇게 된 것입니다. 기준 씨는 곧바로 상사에게 마감일을 확인했고, 제때 보고를 했습니다.

기준 씨는 업무를 처리할 때마다 WHAT 트리를 보며 체크하는 습관이 생겼습니다. 업무 실수는 당연히 확 줄었습니다. 그러다 WHAT 트리에서 체크해야 할 항목을 좀 더 쉽게 기억할 수 있는 방법이 떠올랐습니다. 바로 5W 1H로 확인하는 방법이었죠. 5W 1H의 원칙에 따라 지시 받은 사항을 검토하다 보니 놓치는 부분 없이 완벽하게 일을 처리하게 되었습니다. 이젠 미운털이 아닌, 신뢰감

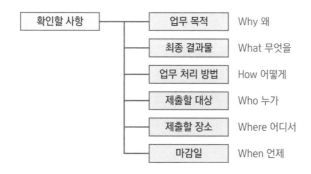

이 쌓여 갔습니다.

기준 씨는 업무 능력을 인정받아 좀 더 비중 있는 업무를 맡게 되었습니다. 신제품 개발과 관련된 업무였죠. 이번에는 예산과 관련된 부분까지 확인해야 했습니다. 이번에도 역시 본격적인 업무에 앞서 WHAT 트리를 활용해 항목들을 확인했습니다. 기준 씨는 기존의 5W 1H에 비용과 관련된 항목인 'How much'를 추가했습니다. 확인해야 할 사항이 하나 더 추가되어 5W 2H가 되었습니다. 자! 이제 본격적으로 신제품 개발에 나설 준비가 되었습니다.

# 중요한 서류들 쓸모 있게 정리하고
# 신속하게 찾는 방법

동현 씨는 자신이 회사에서 가장 바쁜 사람처럼 느껴집니다. 늘 분주하고 정신이 없죠. 눈에 보이는 급한 일들을 처리하기에도 벅찬 나날들을 힘겹게 보내고 있습니다. 그러다 보니 책상 위는 난장판입니다. 책상 서랍, 책꽂이에 뭐가 있는지조차 파악하기 힘듭니다. 일하기에도 바빠 정리할 엄두조차 내지 못하는 나날이 계속되고 있죠.

곧 동현 씨가 팀장과 함께 거래처로 나설 시간입니다. 중요한 계약이 있기에 법인 인감이 날인되어 있는 계약서 원본을 들고 나가야 합니다. 팀장은 나설 준비가 끝나 보입니다. 계약서는 잘 챙겼냐고 물어보는 팀장의 말에 마음이 급해지는 동현 씨. 계약서를 어디에 두었는지 도통 기억이 나지 않습니다. 약속 시간에 늦으면 큰일입니다. 가까스로 서류를 챙겨 나오는 데 성공했지만 등에서는 식은땀이 계속 흐릅니다.

미팅이 끝나고 팀장에게 또 한 소리를 들었습니다. 중요한 서류를 제대로 챙기지 못한 죄, 팀장을 기다리게 한 죄. 매일 바쁜 것도 괴로운데 서럽기 짝이 없습니다. 동현 씨는 그동안의 모습을 되돌아봤습니다. 중요한 서류를 챙기느라, 필요한 사무용품을 찾느라 시간을 허비했던 적이 많았던 동현 씨. 그 시간만 허비하지 않았어도 업무할 시간을 뺏기지는 않았을 것입니다. 동현 씨는 잠깐의 시간을 서류 정리에 먼저 투자해 보기로 마음먹었습니다. 필요한 서류가 어디에 있는지 한 번에 찾는다면 시간 낭비도 줄일 수 있고, 깔끔한 책상은 마음의 안정도 가져다줄 것 같았습니다.

## 구분하기

동현 씨는 먼저 서류들을 버릴 것과 보관할 것으로 구분했습니다.

그동안 서류를 모았던 이유는 그 서류를 언젠가는 다시 활용할 것이라 생각해서였습니다. 하지만 버리지 않고 간직하다 보니 서류가 엄청나게 쌓였습니다. 문제는 이렇게 보관한 서류들에서 정작 필요한 것은 대체 어디에 있는지 기억나지 않는다는 사실입니다. 결국 필요할 때 제대로 활용하지 못하는 것입니다.

두 번째로 뭉쳐 놓은 서류들을 구분했습니다. 그동안 바쁘게 일하다 보니 서류철을 만들기도 귀찮을 때가 많았습니다. 이미 성격에 맞게 만들어진 서류철에는 그대로 보관하면 됐지만, 새로운 성격의 문서들은 하나의 철에 이 문서 저 문서를 모두 넣어 버렸습니다. 예를 들면, 거래처와의 계약서 원본과 내부 기안 문서를 한곳에 모아 두는 식으로 말입니다. '요즘 대기업에서는 전자 문서와 스캔 증빙을 내부분 활용하니까 컴퓨터 파일 관리만 잘하면 될 텐데…. 전자 결재 시스템을 도입한다면 얼마나 좋을까? 그럼 출력 문서의 양이 현저하게 줄어들 텐데….' 여러 불만이 생겼지만 시스템 도입이 어려운 중소기업에 있으니 어쩔 수 없다고 마음을 다잡아 봅니다.

## 버리기와 분리하기

하나의 서류철에 여러 종류의 문서가 있으면 목적에 따라 분리해서 보관해야 합니다. 이 서류철에도 역시 버릴 것과 보관할 것이 합쳐져 있을지도 모릅니다. 이제, 서류들을 크게 네 덩어리로 구분하기로 합니다.

버릴 것 / 보관할 것
분리할 것 / 분리하지 않을 것

이제 표를 활용해 '버리기'와 '나누기'로 분류합니다.

〈버린다〉
버릴 서류들을 과감히 버리고 꼭 보관할 서류들만 보관합니다. '폐기'와 '보관'으로 구분합니다.

| 버린다 | |
|---|---|
| 폐기 | 보관 |
| 버린다 | 버리지 않는다 |

〈분리한다〉

뭉쳐 있는 서류들을 '분리한다'와 '분리하지 않는다'로 나눈다.

| 분리한다 | |
|---|---|
| 분리 O | 분리 X |
| 보관된 문서들을 내용에 따라 나눈다.<br>(계약서는 계약서 끼리,<br>기안 문서는 기안 문서 끼리) | 나누지 않아도 괜찮다.<br>(같은 내용들끼리 모여 있다.) |

## 매트릭스로 정리

마지막은 매트릭스로 정리합니다. 뭉쳐 있는 서류 뭉치들을 네 개의 기준으로 분리할 수 있습니다.


구분하지 않고 전부 다 버릴 것들

구분하지 않고 전부 다 보관할 것들

나누어서 용도에 맞게 보관

일부는 나누어서 보관하고, 나머지는 버릴 것들


| | | 분리한다 | |
|---|---|---|---|
| | | 분리 O | 분리 X |
| 버리다 | 폐기 | 뭉쳐 있는 서류를 나누어서 일부만 버린다. | 분리하지 않고 전부 다 버린다. |
| | 보관 | 서류들을 나누어서 용도에 맞게 보관한다. | 분리하지 않고 전부 다 보관한다. |


## 최종 정리


네 개로 구분된 서류 그룹들을 아래 순서에 따라 행하기만 하면 끝!

1) 전부 버린다.

2) 전부 보관한다.

3) 뭉쳐 있는 서류들을 구분하여 폐기해야 할 것들을 버린다.

4) 3번에서 보관할 서류들을 용도에 맞게 나눈다.

5) 용도에 맞게 나눈 서류들을 각각 보관한다.

| | | 분리한다 | |
|---|---|---|---|
| | | 분리 O | 분리 X |
| 버리다 | 폐기 | 3. 뭉쳐 있는 서류를 나누어서 일부만 버린다. | 1. 분리하지 않고 전부 다 버린다. |
| | 보관 | 4. 서류들을 나누어서 용도에 맞게 보관한다. | 2. 분리하지 않고 전부 다 보관한다. |

동현 씨는 입사한 뒤로 이렇게 속 시원한 느낌을 처음 맛봅니다. 이제 불필요한 문서들은 없고, 용도에 맞게 나눈 서류들만 있으니 필요할 때 잘 찾아서 활용하기만 하면 됩니다. 서류 찾는 시간도 아낄 테니 일에 더욱 집중할 수 있겠죠. 동현 씨의 앞날이 기대됩니다.

# 복잡한 거래 관계
# 깔끔하게 정리하기

곽 대리는 최근 광고 회사 회계팀으로 이직했습니다. 회계팀 특성 상 거래처와의 거래 관계나 수수료율 등 꼼꼼히 챙길 것이 많습니다. 전에는 제조 회사에 재직했기 때문에 광고계라는 새로운 형태의 거래는 다소 생소하게 느껴집니다. 광고주, 광고 회사, 광고 대행사, 포털 사이트 등과 얽혀 있는 거래 관계를 모두 파악해야 하고, 저마다 수수료율도 제각각이라 정리하고 파악하는 데 시간이 좀 걸릴 것 같습니다. 거래처는 또 왜 이렇게 많은지, 업무 파악이 끝날 때까지는 긴장의 연속일 것 같은 느낌입니다.

그러다 문득 국내 최대 검색 사이트인 '네이버'의 광고 사업이 떠올랐습니다. 네이버는 어떤 형태로 광고 사업을 하는지 파악해 보기로 마음먹고, 이 기회에 거래 관계를 눈으로 보이게 그림으로 표현해 보기로 합니다.

## 거래 관계에 있는 대상 떠올리기

네이버의 거래 관계는 단순히 물건을 사고파는 거래보다 조금 복잡합니다. 하지만 거래 관계에 있는 대상을 각각 설정하고, 교환하는 내용을 이어 주기만 하면 됩니다. 먼저, 등장하는 대상들을 떠올려 봅니다.

"네이버 이용자는 검색 서비스를 무료로 이용한다. 그 대신 검색 결과에 광고도 함께 노출된다."

이 문장에서 등장하는 대상은 사용자와 네이버입니다. 하지만

```
┌──────────┐        ┌──────────┐
│  사용자   │        │  네이버   │
└──────────┘        └──────────┘
```

문장에서 보이는 것이 전부는 아닙니다. 광고를 의뢰하는 광고주도 있기 때문이죠. 광고주와 사용자 사이에는 직접적인 거래가 발생하지 않습니다. 네이버가 둘 사이에서 중개 역할을 합니다. 따라서 광고주와 사용자 사이에 네이버를 위치시켜서 나타냅니다.

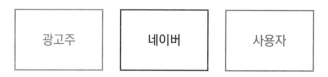

## 화살표 그리기

등장하는 세 대상들 사이에 양방향 화살표를 그려 넣습니다.

## 교환하는 내용 나타내기

먼저, 광고주와 네이버의 관계를 생각해 봅니다. 광고주는 네이버
에 광고비를 지급합니다. 네이버는 그 대가로 원하는 시간대에, 광
고가 보이기 좋은 위치에 노출되도록 해 줍니다. 광고주와 네이버
의 거래 관계는 아래와 같이 나타낼 수 있습니다.

이제 네이버와 사용자의 관계를 생각해 봅니다. 네이버는 사용
자에게 '무료'로 검색 서비스를 제공합니다. 사용자는 네이버에 돈
을 지불하지 않습니다. 그렇다면 사용자는 네이버에 주는 것 없이
받기만 할까요? 그렇지 않습니다. 바로 사용자가 검색한 열람 데이
터가 제공되기 때문입니다. 이 열람 데이터는 광고 시간대와 노출
위치를 정하는 데 큰 역할을 합니다. 광고주는 이 가치에 대한 대금
을 지불하는 셈입니다. 이것이 네이버가 검색 서비스를 무료로 제

공해도 금전적인 손실을 보지 않는 이유입니다. 이제 네이버와 사용자와의 교환 내용도 나타내 봅니다.

## 정리

이처럼 서비스의 대가는 꼭 금전적인 것에 한정되지 않습니다. 네이버는 사용자가 검색한 열람 데이터를 활용해 사용자의 관심과 취미 등 성향을 파악하는 것입니다. 그리고 사용자가 가장 잘 현혹될 수 있는 시간대를 파악하며 광고 위치 등을 분석합니다. 결국 이것을 광고주에게 판매하는 셈입니다.

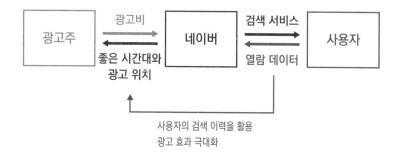

곽 대리의 네이버에 대한 이해는 심플하게 끝났습니다. 이렇게 한번 정리해 보니 본인 회사의 거래들도 이런 식으로 눈에 보이게 정리해 볼 자신감이 생겼습니다. 앞으로도 이렇게 정리한다면, 겉으로 드러나지 않았던 숨은 거래 형태까지도 쉽게 파악할 수 있을 것입니다.

# 업무 진행 과정이
# 한눈에 들어오다

희민 씨는 원단 회사에 입사했습니다. 지금은 상사에게서 회사에 대한 대략적인 설명을 듣고 있습니다. 원단 회사인데, 상사는 스파 SPA 브랜드의 특성을 꼭 알아야 한다며 열심히 설명을 하네요. 희민 씨의 회사는 스파 브랜드에 소재를 납품하는 회사입니다. 상사는 스파 브랜드의 전체적인 업무 흐름을 알아야 우리 회사의 역할이 왜 중요한지 더 크게 인식할 수 있다고 말합니다. 다음은 상사의 설명입니다.

SPA 브랜드는 일반적인 소매업과는 다른 방식으로 운영됩니다. 먼저, 상품을 기획합니다. 그리고 소재 제조 업체와 기획을 공유하고 함께 협력해 소재를 개발합니다. 이후 생산 공장과 협력해 제품을 생산합니다. 최종적으로 매장 판매와 온라인 판매를 활발하게 합니다. A/S까지도 완벽하게 책임지고 있습니다.

상사의 이야기는 이어집니다.

"SPA란 'Specialty store retailer of Private label Apparel Brand' 입니다. 즉 '제조 소매업'을 의미합니다. 'ZAR○, H&○, 유니클○, 탑○' 등의 브랜드가 이에 속하죠. 고객 입장에서는 품질 좋은 제품을 비교적 저렴하게 구입하는 장점이 있는 브랜드들입니다. 어떻게 그런 구조가 가능할까요?"

상사는 펜을 들고 화이트보드에 그림을 그리기 시작합니다. 프로세스 맵으로 설명하려는 것이죠.

## 몇 단계로 이루어졌는지 파악하기

상사가 이야기합니다.

"자! 아까 설명했던 것을 다시 천천히 이야기해 볼게요. 스파 브랜드는 일반적인 소매업과는 다른 방식으로 운영된다고 했죠? 첫 번째, 상품을 기획합니다. 두 번째, 소재 제조 업체와 기획을 공유하고 함께 협력해 소재를 개발합니다. 세 번째, 생산 공장과 협력해 제품을 생산합니다. 네 번째, 매장 판매와 온라인 판매를 활발하게 합니다. 다섯 번째, A/S까지도 완벽하게 책임지고 있습니다. 지금까지 첫 번째부터 다섯 번째 순서로 이야기했습니다."

## 단계 만들고 내용 기재하기

상사는 화살표 모양의 상자를 다섯 개 만들고 해당하는 문장을 기재했습니다.

| STEP 1 | STEP 2 | STEP 3 | STEP 4 | STEP 5 |
|---|---|---|---|---|
| 상품기획 | 소재 제조 업체 와 협력 | 생산 공장 과 협력해 제품 생산 | 매장 판매 & 온라인 판매 | A/S |

## 관계자 추가하기와 간결하게 표현하기

상사는 말합니다.

"스탭 2에서 소재를 제조 업체와 협력한다고 했습니다. 그리고 스탭 3의 과정에서 생산 공장이 개입하는 것을 알 수 있습니다."

상사는 교환도를 활용해 그림으로 나타냈습니다.

## 한눈에 보이게 정리하기

"이제 어느 정도 이해가 됐을 거라고 생각되네요. 최종적으로 한눈에 보이게 다시 한 번 정리해 보겠습니다. 스탭 2와 스탭 3에 등장하는 관계자들을 해당 단계 아래에 위치시켜 볼게요."

상사는 프로세스 맵에 교환도를 추가하는 형태로 그림을 그렸습니다. 그리고 각 단계에 기재된 문구를 간결하게 가다듬었습니다. 훨씬 깔끔하게 표현이 되었습니다. 그림으로 보니 말로만 설명을 들었을 때보다 이해하기가 훨씬 더 쉬워졌습니다.

스파 브랜드는 한마디로 의류 기획, 디자인, 생산, 제조, 유통, 판매에 이르는 모든 과정을 일체화해 운영한다는 것을 한눈에 알 수 있게 되었습니다. 또한 중간 유통 과정을 생략하기 때문에 제품 공급 시간이 빠르다는 것과 생산 원가가 절감되어 소비자들이 저렴한 금액에 제품을 구입하는 큰 장점이 있다는 것도 알게 되었습니다.

"잘 이해하셨나요? 스파 브랜드는 소재 제조 업체와 신소재 개발을 통해 소재부터 고객의 니즈를 파악합니다. 제조를 책임지는 생산 공장과의 협력을 통해 고품질 제품을 안정적으로 확보하는 것이고요. 이렇듯 스파 브랜드의 장점은 소재 제조사와 제품 생산

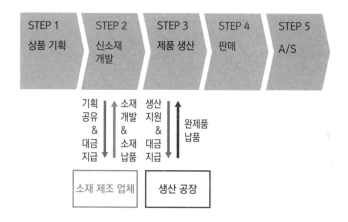

| STEP 1 | STEP 2 | STEP 3 | STEP 4 | STEP 5 |
|--------|--------|--------|--------|--------|
| 상품 기획 | 신소재 개발 | 제품 생산 | 판매 | A/S |

기획
공유
&
대금
지급
↑ 소재
개발
&
소재
납품
생산
지원
&
대금
지급
↑ 완제품
납품

소재 제조 업체    생산 공장

공장과의 협력에 있다고 볼 수 있습니다."

희민 씨는 그제야 자기 회사의 역할이 왜 중요한지 절실히 느끼게 되었습니다. 그리고 또 하나, 흐름을 눈으로 볼 수 있게 그림으로 표현하는 것의 효율성도 느꼈습니다. 특히나 주요 흐름은 화살표 모양의 틀에 한 방향으로 나타내고, 부가 정보는 아래에 추가로 그려서 나타내면 복잡한 흐름도 깔끔히 정리된다는 사실이 흥미로웠습니다. 희민 씨는 앞으로 유능한 상사에게 일을 배울 것을 생각하니 몹시 흥분되었습니다.

# 상품 수익률 높이는 방법 찾기

현진 씨는 온라인 쇼핑몰 대표입니다. 온라인 쇼핑몰을 창업하고 3년 뒤에도 유지될 확률은 45퍼센트 정도에 불과하다고 합니다. 이러한 온라인 쇼핑몰 시장에서 현진 씨의 쇼핑몰은 오픈 이후 꾸준히 성장을 지속해 왔습니다. 현진 씨의 탁월한 센스와 품질에 대한 철학으로 고객에게 신뢰를 쌓아 왔고, 자체 제작 시스템을 구축해 유통 비용을 줄인 것도 성장의 원천이었습니다.

그런데 최근에는 정체되어 있는 듯 보여, 걱정이 앞서기 시작했습니다. 현진 씨는 어떻게 하면 상품 수익률을 높일 수 있을지 고민

했습니다. 로직 트리 중 HOW 트리를 활용해서 생각을 정리해 보기로 했습니다.

## HOW 트리를 활용해 주제 설정

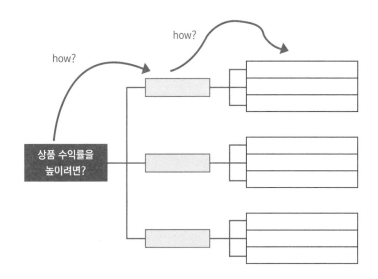

## '어떻게?'를 반복하면서 생각 확장하기

HOW 트리의 틀을 먼저 잡았습니다. 이제 '어떻게?'를 고민하면서 생각을 확장해 보기로 합니다.

'상품 수익률을 높이려면 어떻게 해야 할까? 첫 번째로 판매량을 늘려야겠지? 그리고 가격을 올리는 방법도 있을 거야. 또 비용을 낮추는 방법도 있겠지.'

여러 가지 다양한 방법이 있겠지만, 현진 씨는 이 세 가지 방법을 기본으로 해서 생각을 확장해 보기로 했습니다.

## 세부적이고 구체적인 방법 도출

'어떻게?'를 반복하면서 고민한 결과 판매량 늘리기, 가격 올리기, 비용 줄이기의 방법을 찾아냈습니다. 이제부터는 첫 번째로 떠올렸던 판매량에 대해 더 생각해 보기로 합니다. '어떻게' 하면 판매량을 늘릴 수 있을까에 집중하며 계속해서 생각을 확장합니다.

'어떻게 하면 판매량을 늘릴 수 있을까? 판매량을 늘리는 방법에는 어떤 것들이 있을까?'

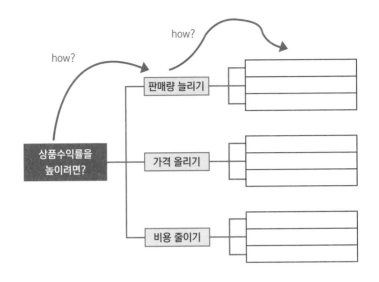

'국내에서만 판매를 하고 있었는데 해외로 수출할 방법을 찾아보는 것은 어떨까?'

'고객이 꼭 하나씩만 구입하라는 법은 없지. 한 고객이 여러 개를 구매하게 할 방법을 찾아보는 게 좋겠어. 세트 상품으로 팔거나 연관 상품(코디 상품)으로 노출해 봐도 좋을 것 같아.'

'기존 시장에서 고객 수를 늘리는 방법도 있어. 타깃 고객을 확장할 방법을 찾아봐야지.'

현진 씨는 생각해 낸 것을 요약해서 HOW 트리에 기재했습니다.

두 번째 방법은 가격을 올리는 것입니다. 가격을 올리는 방법에

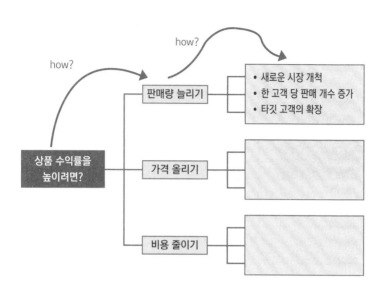

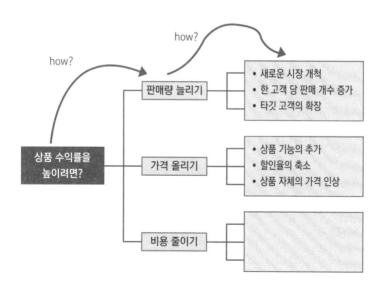

는 어떤 것들이 있을까요?

'상품의 기능을 추가해서 가격을 올릴 수 있을 것 같아.'

'할인율을 낮추거나 할인 기간을 줄이는 것도 방법이야.'

'식당에서 음식 값을 올리는 것처럼, 현 상태에서 상품 자체의 판매 가격을 조금씩 인상할 수도 있겠어.'

이제 마지막으로 비용을 줄이는 방법에는 어떤 것들이 있을지 생각해 봅니다.

'원재료 구입 가격을 낮출 수는 없을까? 원단 제조사와 액세서

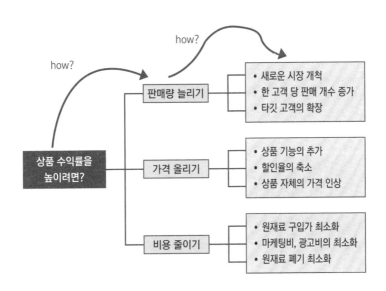

리 공급 업체 등과 협상을 해 봐야겠어. 그게 어렵다면 새로운 거래처를 뚫는 방법도 있을 것 같아.'

'마케팅비, 광고비 등을 줄여야겠어. 고객 이벤트를 줄이고 광고도 좀 줄여봐야지.'

'폐기되는 원재료를 줄일 방법을 찾아봐야겠어. 샘플을 제작할 때도 좀 더 심사숙고한 뒤 진행하는 것이 좋겠어.'

한눈에 보이는 How 트리가 완성되었습니다. 여기서 생각을 확장해 좀 더 세부적이고 구체적인 방법을 찾을 수도 있겠죠. 물론 이것이 정답이 아닐 수도 있습니다. 사람마다 관점이 다르기에 해결 방법도 다양하게 나올 수 있습니다.

중요한 것은 '상품 수익률을 높이려면 어떻게 해야 하지?' 하고 머릿속으로만 생각한다면 해결 방법이 쉽게 떠오르지 않고 막연하다는 것입니다. 이런 식으로 HOW 트리를 사용해 하나하나 생각을 확장한다면 평소 생각지도 못했던 다양한 방법이 떠오를 수 있습니다. 그것을 끄집어내기 위한 최적의 도구가 바로 HOW 트리입니다. 이를 적극적으로 활용해 잠재된 나의 생각에 날개를 달아 주면 됩니다. 잘만 활용한다면 앞으로 놀라운 결과가 펼쳐질 것입니다.

# 지겨운 회의 탈출과
# 건설적인 회의 아웃풋까지!

수현 과장은 월요일에 출근할 생각을 하면 머리가 아파 옵니다. 월요병은 직장인 대부분이 겪는 문제이기는 합니다. 수현 과장을 이토록 괴롭히는 것은 바로 매주 월요일 아침에 있는 주간 회의입니다. 지난주의 업무 성과와 새로운 한 주의 주간 목표를 공유하는 자리입니다.

회의의 목적 자체는 나쁘지 않으니 수현 과장도 좋게 이해하려고 매번 노력합니다. 문제는 핵심 내용을 공유하는 시간보다 실속없는 시간이 더 소요된다는 점이었습니다. 별 의미 없이 두 시간이

홀쩍 지나고 나면 소중한 월요일 오전을 그냥 날려 버린 듯한 기분이었습니다. 그날의 야근은 보너스였고요. 수현 과장을 더 화나게 하는 것은 팀원 대부분이 의미 없는 이 시간을 개선할 의지가 전혀 없다는 사실입니다. 그들은 회의를 그저 월요일 아침이면 당연히 해야 하는 일이라고 받아들이는 듯합니다. 그야말로 위험한 자동 사고에 익숙해져 있습니다.

수현 과장은 회의를 효율적이고 생산적으로 진행할 방법을 찾고 싶었습니다. 그렇게 하면 회의 시간을 줄일 수 있을 테니까요. 그래야 칼퇴근도 꿈꿀 수 있을 것입니다. 무척 조심스러웠지만 회의와 관련한 좋은 의견을 제시하고자 마음먹었습니다.


## WHY 트리를 활용해 주제 설정

수현 과장은 먼저 회의가 늦게 끝나는 이유를 파악해 보기로 했습니다. 회의를 일찍 마칠 방법을 찾으려면, 회의가 늦게 끝나는 이유를 먼저 알아야 한다는 생각이 들었기 때문입니다. 그는 '회의가 늦게 끝난다'를 핵심 주제로 정하고 '왜?'를 떠올리면서 이유를 생각합니다.

'회의를 제시간에 시작한 적이 없었어. 매번 시작 시간이 늦어지곤 했지. 그리고 회의를 너무 오래 하는 것 같아'

WHY 트리를 활용해 '회의가 늦게 끝남'으로 주제를 적습니다. 그리고 첫 번째 이유인 회의 시작을 늦게 한다는 것과 두 번째 이유인 회의 시간 자체가 길다는 것에 대한 내용을 적습니다.

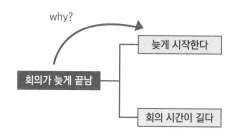

## '왜?'를 생각하면서 생각 확장하기

수현 과장은 회의 시작 시간이 늦어졌던 이유에 대해 '왜?'를 떠올리며 생각합니다.

'지각하는 사람이 꼭 있었어. 제시간에 회의실에 모인 사람들은 다른 직원들이 다 올 때까지 잡담을 하며 기다리곤 했지. 회의가 늦어지는 것을 즐기기라도 하는 것처럼. 그리고 회의실에 갖고 들어올 자료를 미처 준비하지 못한 직원도 있었어. 출근하자마자 컴퓨터로 자료 정리하고 출력하느라 회의실에 늦게 들어왔어. 아! 그리고 사람들이 다 모이고 나서야 부랴부랴 책상과 의자를 배치하기 시작했네.'

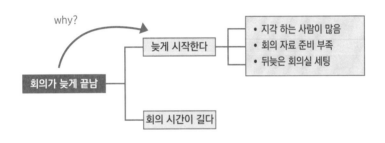

수현 과장은 이제 회의 시간이 길어졌던 이유를 생각합니다.

'주간 업무 보고 시간이 꽤 길었어. 특이 사항이 없는 직원들도 전부 다 보고를 했지. 본인의 성과를 어필하기 위한 것은 이해하지만, 일상적인 일들까지도 상세하게 보고했기 때문에 시간이 오래 걸렸어. 그리고 새로운 이슈에 대한 토론 시간이 지나치게 길었던 것 같아. 팀장님이 자꾸 부담스러운 눈빛으로 쳐다보시니 말을 하지 않으면 안 될 것 같은 느낌이 들긴 했어. 휴…. 꼭 한마디씩이라도 하려다 보니 이 사람 저 사람 마구잡이로 발언하게 되었고. 그러다 보니 지난번에는 같은 내용만 맴돌고 제대로 된 토론이 이루어지지 않았지.'

'회의 시간이 길다'에 대한 이유를 크게 두 가지로 '보고 시간이 길어지는 것'과 '토론 시간이 길어지는 것'으로 나누었습니다. 하위 내용으로 보고 시간과 토론 시간에 대한 이유도 각각 두 가지씩 적었습니다.

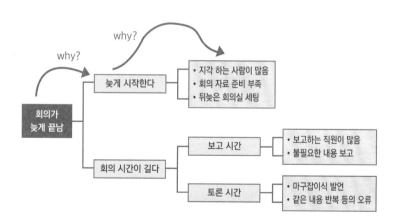

## HOW 트리로 방법 도출

WHY 트리로 회의가 늦게 끝나는 이유를 살펴보니, 구체적인 원인을 파악하게 되었습니다. 수현 과장은 이제 '어떻게?'를 떠올리면서 HOW 트리를 활용해 대책을 세워 보기로 했습니다.

'지각을 해도 기다려 준다는 인식이 있어서 지각하는 사람들이 긴장하지 않았던 것 같아. 정해진 시간에 회의를 시작하면, 중간에 들어오기 민망해서라도 지각을 하지 않으려고 노력하겠지.'

'회의 자료를 금요일 퇴근 전까지 정리하는 것으로 규칙을 정하는 게 좋겠어. 그리고 지금까지는 각자가 저장한 자료를 출력했지만, 이제부터는 공유 폴더에 하나의 문서로 저장하게 하는 거야. 그러면 한 명이 팀원 모두의 자료를 출력하게 돼. 월요일 아침 가장 일찍 출근한 직원이 출력해서 회의실로 들어가면 되겠네.'

'회의실 세팅도 역시 금요일 퇴근 전에 하고 가는 것이 좋겠어. 돌아가면서 담당하게 하면 의무감이 생기겠지? 만약 금요일에 못했어도 월요일 아침에 미리 해 두겠지.'

수현 과장은 아까 만들어 놓은 WHY 트리 옆으로 HOW 트리를 합쳐 보았습니다. 회의가 늦게 끝나는 문제에 대한 대책이 한눈에 들어왔습니다. 이제 이 솔루션을 팀원들과 공유하고 제대로 실행

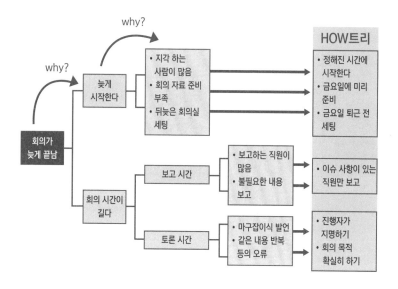

해 볼 계획입니다. 앞으로의 회의 시간은 짧고 굵은, 생산적인 시간으로 다가올 것 같습니다.

● **효율적인 회의 준비를 위한 생각 정리 팁(회의 계획 및 사전 준비)**

성공적인 회의의 기본은 회의를 어떻게 준비하느냐에 달려 있습니다. 회의 시작 전 '5W 1H 원칙'을 염두에 두고 계획과 준비를 해 봅시다.

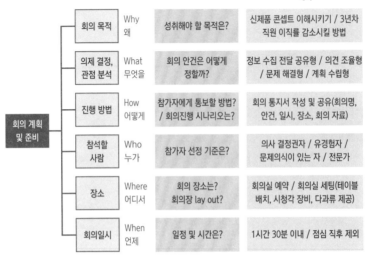

예시

| | | | |
|---|---|---|---|
| 회의 목적 | Why 왜 | 성취해야 할 목적은? | 신제품 콘셉트 이해시키기 / 3년차 직원 이직률 감소시킬 방법 |
| 의제 결정, 관점 분석 | What 무엇을 | 회의 안건은 어떻게 정할까? | 정보 수집 전달 공유형 / 의견 조율형 / 문제 해결형 / 계획 수립형 |
| 진행 방법 | How 어떻게 | 참가자에게 통보할 방법? / 회의진행 시나리오는? | 회의 통지서 작성 및 공유(회의명, 안건, 일시, 장소, 회의 자료) |
| 참석할 사람 | Who 누가 | 참가자 선정 기준은? | 의사 결정권자 / 유경험자 / 문제의식이 있는 자 / 전문가 |
| 장소 | Where 어디서 | 회의 장소는? 회의장 lay out? | 회의실 예약 / 회의실 세팅(테이블 배치, 시청각 장비, 다과류 제공) |
| 회의일시 | When 언제 | 일정 및 시간은? | 1시간 30분 이내 / 점심 직후 제외 |

회의 계획 및 준비

효과적인 회의를 위해서는 회의의 목적Why을 명확히 하는 것이 매우 중요합니다. 회의를 하는 목적이 '무엇인가를 달성해야 하는 목표'에 집중되어 있다면, 전략 수립과 세부 목표를 세우는 데 유용하게 사용되는 툴인 'SMART 원칙'에 대해 알아두면 좋을 것입니다.

Specific : 구체적이어야 합니다. 목표는 구체적이고 분명할수록 달성 가능성이 높아집니다. '반품을 최대한 없애도록 한다'는 목표는 구체적이지 않습니다. '제품 반품률을 5퍼센트 줄인다'처럼 구체적으로 설정하는 것이 좋습니다.

Measurable : 측정 가능해야 합니다. 목표 달성 여부를 판단하기 위해, 정량적으로 측정할 수 있는 수치 등으로 표현하는 것이 좋습니다. '회원 가입을 최대한 유도한다'라는 목표는 너무 막연합니다. '기존 회원 대비 10퍼센트 늘린다'처럼 구체적인 수치를 사용해 표현하는 것이 좋습니다.

Achievable : 달성 가능한 목표여야 합니다. 목표를 크게 잡는 것이 나쁘지는 않지만 목표를 과장해서 설정하면 곤란합니다. 매출 100억 원인 회사가 '한 달 내로 매출 1,000억 원 달성'이라는 목표를 잡는다면 현실적으로 실현되기 어려울 것입니다. '매출액 10퍼센트 성장' 등 실현 가능한 목표를 설정해야 합니다.

Realistic : 현실성이 있어야 합니다. 달성할 생각조차 하지 못할 허황된 목표를 설정하면 안 됩니다. 새로운 아이템이 없는 중소기업이 갑작스럽게 '글로벌 1위 기업으로 성장하기'라는 목표를 잡는 것은 너무 허황됩니다. 실현 가능성에 회의를 품을 수 있기 때문입니다. '신약 개발 플랫폼 개발' 등 실현 가능한 목표를 세우고 체계적으로 성장한다면 글로벌 기업으로 한 걸음 다가설 수 있을 것입니다.

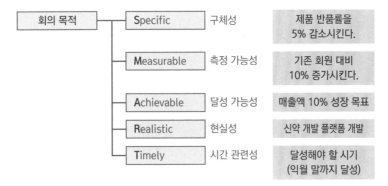

Timely : 달성해야 할 시기입니다. 언제까지 달성해야 할지를 목표로 정합니다. 목표를 달성할 시간을 미리 정해야 달성할 가능성이 훨씬 높아집니다. 시기가 정해져 있지 않으면 느슨해지기 때문입니다. 기간이 정해져야 시간 배정을 적절히 할 수 있고, 목표 달성에 소요되는 시간을 적절하게 배분합니다. '다음 달 말까지' '3개월 내' 등으로 기한을 정하는 것이 좋습니다.

# 야근을 계속하는 이유가 뭘까?

지훈 대리는 계속되는 야근에 평일 저녁 개인 일정을 잡아 본 기억이 나지 않습니다. 일찍 끝나면 하고 싶은 일을 생각해 본 적도 없을 정도였죠. 평일에는 이제 막 돌이 지난 예쁜 딸의 자는 모습만 잠시 볼 뿐이었고, 육아에 지친 아내의 푸념에 귀가 따가웠습니다. 주말이니 딸과 놀아 주려고 하면 딸은 엄마에게만 붙어서 아빠에겐 오지도 않습니다. 회사에서는 야근으로 괴롭고, 집에 와서는 외롭기까지 합니다.

어느 날 밤 11시, 퇴근 후 집에 오니 아내와 딸은 이미 잠들어 있습니다. 지훈 대리는 얼른 씻고 캔맥주 하나를 따서 TV 앞에 앉습니다. 즐겨 보는 예능 프로그램인 〈라디오 스타〉를 시작했네요. 하루 중 유일하게 웃을 수 있는 시간입니다. 이 날은 전 미국 프로 농구NBA 선수 출신인 한 게스트가 출연했습니다.

그는 NBA 선수들을 떠올리며 이렇게 말했습니다. "우리나라 선수들은 훈련을 마치면 당연히 숙소에서 함께 식사를 했어요. 그런데 거기 선수들은 훈련을 마치면 숙소에서 식사를 하지 않는 거예요. 그래서 왜 숙소에서 밥을 먹지 않느냐고 물었죠. 그랬더니 그들이 숙소에서 밥을 먹으면 가족들과는 언제 식사를 하겠느냐고 말하더라고요." 그러면서 "가족들과 행복한 시간을 보내려고 농구를 하는데, 그렇지 못하는 주객이 전도된 상황이 무슨 의미가 있을까요?"라는 말도 덧붙였습니다.

지훈 대리는 맥주 안주로 예능을 보다가 신선한 충격을 받았습니다. 나도 나를 위해, 가족을 위해 일하는데, 언젠가부터 내 삶은 없어지고 삶 자체가 일이 되어 버린 것 같았습니다. 지훈 대리는 이제부터 회사에서도 최선을 다하되, 최선을 다해 나의 삶도 즐겨야겠다는 생각이 들었습니다. 그러기 위해 퇴근 후의 시간을 확보하는 것이 중요하다고 판단했죠. 지훈 대리는 야근이 계속되는 이유를 생각해 보고, 야근을 줄일 방법을 찾아보기로 했습니다.

## WHY 트리를 활용해 주제 설정

지훈 대리는 야근을 했던 상황을 생각해 보았습니다.

'나는 퇴근하고 싶었지만 상황이 어쩔 수 없었어. 퇴근 시간까지 일을 다 마치지 못했으니까. 타 부서의 일이나 거래처 컨펌 등을 완료해야 퇴근할 수 있는 업무도 있었어. 하지만 일이 그다지 많지 않은 날도 퇴근 시간 내에 다 끝내려는 노력을 하지 않았어. 다른 사람들이 퇴근하지 않는데 나만 혼자 빠져나가는 게 눈치가 보이잖아. 혼자 사는 부하 직원은 야근 식대가 나오니 밥값도 아낄 겸 야근을 하겠다고 하고, 과장님은 야근 수당이 나오니 한 푼이라도 더 벌어서 대출금을 갚아야 한다나…. 차장님은 집에 일찍 들어가 봤자 애들이랑 놀아 주는 것이 더 힘들다며 회사에 있는 게 편하다던데….'

지훈 대리는 로직 트리 중 WHY 트리를 활용해 보기로 했습니다. 주제를 '퇴근하지 못한다'로 설정하고 원인을 분석했습니다.

- **퇴근하지 못한다. 왜?** 상사나 동료의 눈치가 보여서 먼저 나가는 것이 민망하다.
- **퇴근하지 못한다. 왜?** 오늘까지 보고서를 제출해야 한다. 거래처의 확

인 메일을 받은 후에 작성해야 할 부분이 있다. 오늘까지 보내준다고 했으니 일단 대기해야 한다.

- 퇴근하지 못한다. 왜? 내 일을 다 끝내지 못했다.

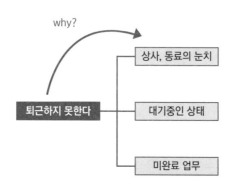

## '왜?'를 생각하면서 생각 확장하기

퇴근하지 못하는 이유를 생각해 보니, 원인이 크게 세 가지가 있었습니다. 이제 좀 더 깊게 생각해 보기로 합니다. 지훈 대리가 변화시킬 수 있는 상황과 변화시킬 수 없는 상황으로 나누어 생각해 봤습니다. 상사나 동료의 칼퇴근은 지훈 대리 혼자만의 노력으로 어려운 일입니다. 업무 때문에 대기하는 상황도 지훈 대리 혼자 힘으로 바꾸기가 어렵죠. 그러나 일을 다 마치지 못한 것은 자신이 바꿀 수 있는 부분입니다. 먼저 이 부분에 집중해 보기로 했습니다.

- 일을 다 끝내지 못한다. 왜? 할 일이 너무 많아.
- 일을 다 끝내지 못한다. 왜? 일을 다 끝내지 못한다. 인원이 부족해.
- 일을 다 끝내지 못한다. 왜? 내가 효율적으로 일하지 못하는 것 같아.

지금까지 일을 다 끝내지 못하는 이유에 대해 생각해 보았습니다. 일이 많을 수도, 인원을 충원해 주지 않아서일 수도 있습니다.

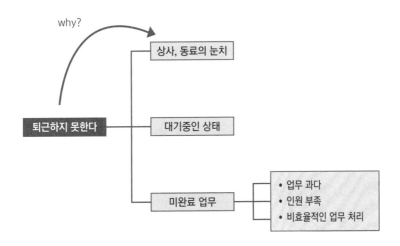

그런데 직장을 다니는 사람 대부분은 아실 겁니다. 상사에게 "일이 너무 많으니 인원을 충원해 주셨으면 합니다"라고 요청하면 "아, 정말 힘들었나 보네요. 알겠어요"라고 대답해 줄까요? 절대 아닙니다. 인원 충원이라는 게 그렇게 쉬운 일이 아니니까요.

지훈 대리는 외부적인 요인을 바꾸기 힘들다면, 자신을 바꾸는 것이 맞는다는 결론을 내렸습니다. '일단은 내가 할 수 있는 부분에 집중해 상황을 바꿔야 해. 따라서 왜 비효율적으로 일했는지 그 이유를 찾아보는 것이 좋겠어. 그래야 해결 방법을 찾을 수 있을 것 같아.' 이제, '비효율적인 업무 처리'를 주제로 삼고 생각을 확장해 보기로 했습니다.

### 비효율적으로 일을 한다. 왜?

- 소요 시간을 예상하지 않고 일했어. 느긋하게 일하다가 마감일이 돼서야 허겁지겁 마무리하곤 했지.
- 업무의 우선순위를 파악하기가 힘든 것 같아.
- 동료들의 커피 타임 요청을 거절하지 못했어. 업무에 집중하다가도 잠시 커피를 마시자는 제안을 받으면 바로 나갔어. 그래서 업무의 흐름이 많이 끊기긴 했어.

- 엑셀 작업이 오래 걸리는 것 같아.

- 오전에 졸려서 집중하기가 힘들어. 왜? 숙면을 취하지 못했으니까. 왜?

  스트레스 해소용으로 매일 새벽까지 TV를 봤어.

## HOW 트리로 방법 도출

지훈 대리는 비효율적으로 업무를 처리했던 이유를 찾는 데 성공했습니다. 이제는 HOW 트리를 활용해 문제를 어떻게 개선하면 좋을지 대책을 찾아보기로 합니다.

'먼저 업무 소요 시간을 정하고 일을 해야겠어. 이 업무는 두 시간이면 충분해, 1시부터 3시까지 집중하고 10분 쉬자. 이런 식으로 스스로 마감 시간을 정하자.'

'커피 타임 요청이 들어오면 지금은 급하게 처리할 일이 있으니

3시에 보는 건 어때요? 하고 얘기하는 거야. 다른 사람의 시간에 맞추느라 휘둘리지 않아도 되니, 나의 업무 흐름이 끊기지도 않을 거야.'

'업무 우선순위를 파악하기가 어려웠으니, 최근 구매한 책에 있는 업무 우선순위 정하고 체계적인 하루 보내기 편에 나온 내용을 참고해서 생각을 정리해야겠어.'

'엑셀은 온라인 교육을 듣거나, 블로그나 책을 통해 잠깐씩이라도 공부를 해야겠어. 무작정 엑셀을 공부해야 한다고 생각해 놓고 실천한 적이 없었어. 아침에 20분 일찍 출근해서 공부하거나 점심을 일찍 먹고 남은 시간 20분씩을 활용하는 식으로 구체적인 계획을 세워 보는 게 좋겠어. 나는 아침 시간을 활용하겠어.'

'마지막으로 새벽까지 TV를 시청하는 습관을 없애야겠어. 그리고 숙면을 취할 수 있는 다른 방법들도 생각해 봐야지.'

HOW 트리로 대책까지 생각해 냈습니다. 지훈 대리는 하나하나 실천하기 시작했습니다. 일찍 출근해서 엑셀을 공부했습니다. 업무 시간이 되기 직전 잠깐 시간을 내어 업무 우선순위를 정했습니다. 각 업무의 소요 시간을 계산해 데드라인을 잡아 두었고요. 오전에 졸음이 오지 않으니 일에 집중이 잘 되었습니다. 업무마다 마감 시간을 정해 놓으니 업무 속도도 빨라졌습니다. 쉬는 시간도 직

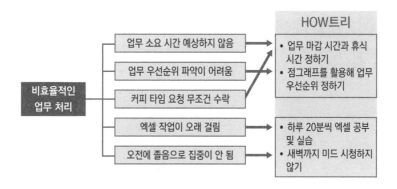

접 정했습니다. 그 시간에만 동료들과 커피를 마시며 진정한 휴식 시간을 가졌습니다. 수동적인 모습에서 능동적인 모습으로 변하기 시작하자 퇴근 시간 내에 업무를 다 마칠 수 있었습니다. 야근도 습관이었다는 것을 절실히 깨달았습니다.

처음에 동료들을 뒤로하고 먼저 퇴근할 때는 눈치가 보이긴 했습니다. 그러나 동료들도 그가 일을 완벽하게 끝내 놓는다는 것을 알자 더 이상 눈치를 주지 않았습니다. 칼퇴근이 처음만 어려웠을 뿐입니다. 오히려 '저 사람은 완벽하게 일하고 칼같이 퇴근하는 사람'이라는 이미지가 굳어졌습니다. 덕분에 아내와의 사이도 좋아지고 딸도 아빠를 아주 좋아하게 되었죠. 그야말로 회사를 위한 삶이 아니라 내 삶을 위한 수단이 회사가 된 것입니다.

# 회사를 계속
# 다녀야 할까?

기석 대리는 영업팀 팀원입니다. 얼마 전부터 지금 다니는 회사를 계속 다녀야 할지 고민하느라 머리가 아픕니다. 매일 사직서를 시원하게 던져 버리고 싶은 맘이 굴뚝같습니다. 퇴사하기 무섭게 어서 와 달라고 하는 회사가 있는 능력자라면 참 좋겠지만, 현실은 그렇지가 않기에 더 괴롭기만 합니다.

　회사를 그만두고 싶은 이유는 여러 가지겠죠? 회사 자체에 대한 실망감으로 회사가 싫어졌을 수도 있을 테고, 현재 하는 업무에 대한 고민일 수도 있습니다. 현재의 업무를 계속하면 비전이 있을지

의구심도 생겼을 테고요. 꿈꾸는 일은 다른데 경력과 연봉이 아까우니 버티는 경우도 있습니다. 다양한 이유가 있겠지만 맘속에만 품고 꺼내지 못할 뿐이겠죠. 이럴 때는 신중하게 고민하고 시원하게 실행에 옮기든가, 아니면 퇴사의 마음을 내려놓고 현재에 집중하는 것이 좋습니다. 고민할수록 본인만 더 힘들어질 테니까요.


## WHY 트리를 활용해 주제 설정

영업 사원인 기석 대리의 구체적인 고민은 이렇습니다. 그는 국내 영업을 담당하고 있습니다. 그런데 얼마 전부터 해외 영업 업무도 해 보고 싶어졌습니다. 경력을 쌓을 수 있고 적성에 더 맞을 것 같기도 하고요. 그렇지만 해외 영업팀에는 자리가 없을 것 같은데, 이직을 하는 것이 좋을까요?

기석 대리는 직무를 변경하고 싶어서 고민 중입니다. 하고 싶은 업무를 위해 회사를 옮기는 것만이 정답일까요? 그냥 지금 회사에 있기에는 다른 곳에 더 좋은 기회가 있을 것 같아 생각이 많아집니다. 이럴 때는 '회사를 옮기고 싶다'를 주제로 정해서 생각을 확장해 봅시다.

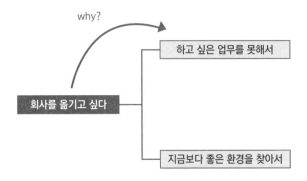

- 회사를 옮기고 싶다. 왜? 지금의 환경에서는 내가 하고 싶은 일을 할 수가 없어서.

- 회사를 옮기고 싶다. 왜? 내가 하고 싶은 일을 할 수 있는 더 좋은 환경이 있을 것 같아서.

## '왜?'를 생각하면서 생각 확장하기

기석 대리는 원하는 업무를 하지 못하고 있습니다. 왜 그럴까요?

- 해외 영업팀은 완전히 별개의 팀이야. 나는 국내 영업팀에 소속되어 있어.

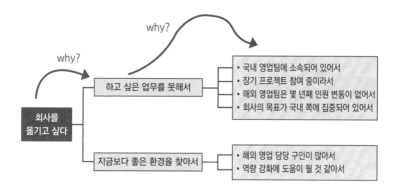

- 지금 장기 프로젝트에 참여 중이야. 프로젝트가 완료되기까지 시간이 오래 걸릴 듯해.

- 현실적으로 해외 영업팀으로 옮기기 힘들 것 같아. 몇 년째 인원 변동이 없고, 고정 멤버 같은 느낌이 들 정도야.

- 회사의 올해 목표가 국내 쪽에 집중되어 있는 것 같아.

지금보다 좋은 환경이 있을 것 같습니다. 왜 그렇게 생각할까요?

- 구직 사이트를 보니 해외 영업에 대한 구인 공고가 꽤 많네.

- 새로운 환경에서 일하다 보면 나의 역량이 더 강화될 것 같아.

## HOW 트리로 방법 도출

기석 대리는 회사를 옮기고 싶은 이유를 심층적으로 찾아보았습니다. 이제부터 HOW 트리로 그에 대한 대책을 생각해 보기로 합니다.

- 상사에게 내가 하고 싶은 일에 대해 면담을 요청해 보자. 인사 이동을 신청하면 받아들여질 방법이 있는지 확인해 보자.
- 장기 프로젝트에 참여하고 있지만, 중간에 빠져나올 방법은 없을까? 다른 담당자가 할 수 있을지에 대해 논의해 보자.
- 해외 영업팀의 인원 변동은 없지만, 혹시 인원을 늘릴 가능성은 없는지 직접 확인해 보자.
- 해외 사업의 비중은 앞으로 얼마나 될까? 비중을 넓힐 다른 방법도 고민해 보자.
- 구인 공고를 보고 연봉이나 회사 위치 등을 고려해 보자.
- 국내 영업 경력을 얼마나 인정해 줄지에 따라 연봉이 달라질 수도 있으니 신중해지자. 해외 영업과 관련한 나의 스펙도 점검해 보는 게 좋겠어.

기석 대리는 지금 상황에서 해 볼 수 있는 대안을 생각해 보았습니다. 우선 지금보다 좋은 환경을 찾기보다 내부에서 할 수 있

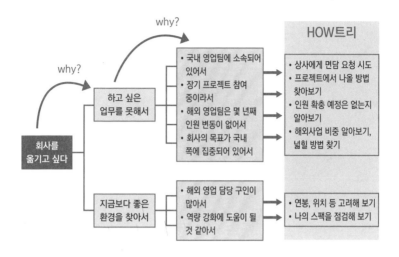

는 일을 최대한 시도해 보는 것이 좋을 것 같다는 생각이 들었습니다. 물론 상사에게 면담을 요청하는 등 다양한 방법을 시도했는데도 지금 회사에서는 답이 없다는 결론이 나올 수도 있습니다. 그때 이직을 결정해도 늦지 않습니다. 현재 위치에서 해 볼 수 있는 것에 최선을 다했기에 후회는 없을 테니까요.

섣부른 판단은 후회를 불러올 수도 있는 법입니다. 퇴사라는 중대한 결정을 내리기 전에, 충동적으로 행동하기보다 다양한 가능성을 충분히 고민하고 냉정하게 판단하는 것이 좋을 것입니다

4

**핵심**을 찌르는
**글쓰기**를 위한
생각 정리

# 일 잘하는 사람의
# 메일 쓰는 법

생각 정리를 잘하는 사람과 그렇지 못한 사람은 메일 쓰는 것에서
도 차이가 있습니다. 메일은 논리적인 구조로 명확하게 표현해야
합니다. 그래야 상대가 이해하기 쉽고, 내가 의도하는 바를 효과적
으로 전달할 수 있습니다. 업무를 하다 보면 상대와 직접 만나서 미
팅을 하기 전에 이메일이 먼저 오갈 때가 많습니다. 얼굴도 보기 전
에 제대로 정리되지 않은 느낌의 메일을 받는다면 첫 인상이 그다
지 좋지 않을 것입니다. 그렇다면 일 잘하는 사람의 메일 쓰기는 어
떻게 다를까요? 이제부터 살펴봅시다.

## 수신 메일 분류하는 법

메일을 주고받으며 일하다 보면 일 잘하는 사람과 그렇지 못한 사람이 쉽게 드러나곤 합니다. 일단 일을 못하는 사람은 받은 메일에 답장을 아주 늦게 합니다. 코앞에 닥친 본인 업무도 제대로 하지 못하기 때문에 수신함에 쌓인 메일을 바로바로 확인할 여유가 없기 때문이죠. 메일을 확인했다 하더라도 신속하게 처리할 여력이 없기도 하고요. 반면에 일 잘하는 사람들의 공통점은 메일을 받은 즉시 답장을 한다는 것입니다. 이들은 메일을 받으면 최대한 빠르게 확인한 후 성격에 따라 다음과 같이 분류합니다.

1) 즉시 회신이 가능한가?
2) 다른 직원 혹은 타 부서에 협조를 구해야 하는 사항인가?
3) 즉시 회신이 가능하지 않은 사항인가?(업무 진행 중인 상황, 업무 결과의 보고 등)

일을 못하는 사람은 메일을 확인하면서 '이건 나중에 해야지' 하는 식으로 미뤄 두곤 합니다. 그러나 일을 잘하는 사람들은 시간이 지난 후, 메일을 다시 읽고 파악하는 데 불필요한 시간을 빼앗기지 않습니다. 따라서 위의 기준으로 판단해 즉시 회신 가능한 것과 전달해야 할 메일은 신속하게 회신하거나 전달합니다. 즉시 회신 하기 어려운 메일은 바로 답하지 못하는 사유와 함께 재회신 예상 시간 정도를 기재한 양해 메일을 먼저 보냅니다. 예를 들면 '죄송 하지만, 제가 오늘은 오후 내내 외부 일정이 있습니다. 요청하신 자료는 내일 오전 중으로 회신하겠습니다' 정도의 메일을 먼저 보내 는 것이죠. 업무 일정도 정리하면서, 회신을 기다리는 사람에 대한 배려도 한꺼번에 하는 것입니다.

## 한눈에 들어오는 메일 제목

메일을 잘 쓰려면 가장 중요한 것이 바로 메일 제목입니다. 우리의 개인 메일함을 생각해 볼까요? 중요한 메일도 있지만 광고 메일 등 그다지 중요하지 않은 메일들이 마구 섞여 있습니다. 그중에서 제 목만 보고 '이건 읽어야 해'라는 느낌이 오는 메일이 분명 있을 것 입니다. 업무를 할 때도 마찬가지입니다. 제목을 잘 쓰는 것이 매우 중요합니다. 내 메일을 받는 사람도 하루에 셀 수 없이 많은 메일을 받을 테니까요. 수신인이 제목만 보고도 어떤 메일인지 알 수 있도록 핵심이 드러나는 제목을 써야 합니다. 꼭 메일을 열어 보지 않더라도 어떤 메일인지 알게 하는 것은 상대방을 위한 배려이기도 합니다.

안녕하세요. 인사팀 ○○○입니다. (X) → 제목만 봐서는 내용 짐작이 어렵다.
계약 연장에 관한 미팅 요청(계약서 첨부) (O) → 제목만 보고도 내용 짐작이 가능하다.

만약 2월 10일까지 반드시 자료를 받아야 한다면, 메일 제목에 '[중요] ○○○ 자료 요청(~2/10까지)' 이런 식으로 기재하면 됩니다.

## 효과적으로 메일 작성하는 법

생각 정리를 못하는 사람이 보내는 메일의 특징은 다음과 같습니다.
1. 제목을 보고, 내용을 추측하기가 어렵습니다.
2. 메일 내용을 한눈에 파악하기 힘듭니다. 문장이 직선적으로 나열되어 있기 때문에 처음부터 끝까지 읽어 봐야 합니다.
3. 같은 이야기를 반복하고 있습니다. : '논의할 사항이 있습니

〈생각 정리를 못하는 사람의 메일〉

제목 : 안녕하세요! ○○○컴퍼니 ○○○입니다.

안녕하세요.

○○○컴퍼니 ○○○입니다.

지난번 귀사와 우리 회사가 힘을 모아 콜라보 제품을 만드는 것이 좋겠다고 합의했습니다. 그래서 여러 가지 논의할 사항이 있습니다. 세부적이고 구체적으로 어떻게 하면 좋을지에 대해 의견을 공유하고자 합니다. 생산할 제품의 개수를 파악해야 하고, 소비자들의 니즈를 어떻게 파악하면 좋을지에 대해서도 이야기 나누었으면 합니다. 그리고 어떤 제품에 그 니즈를 어떻게 반영하면 좋을지에 대해서도 논의가 필요합니다. 제가 내일은 하루 종일 외근이라 이번 주 목요일에 미팅을 했으면 하는데요, 괜찮으시다면 오후 2시쯤에 귀사로 방문하겠습니다. 일정이 괜찮으신지 답변 부탁드립니다.

다.' '의견을 공유하고자 합니다.'

4. 약속을 잡는 방법이 효율적이지 않습니다. 발신자가 제안한 약속 시간이 가능하지 않다면, 일정을 잡기 위해 몇 번의 메일이 더 오갈 가능성이 있습니다.

생각 정리를 잘하는 사람이 메일을 작성하는 방법은 다음과 같습니다.

〈생각 정리를 잘하는 사람의 메일〉

제목 : [○○○컴퍼니] 콜라보 제품 관련 미팅 요청

안녕하세요
○○○컴퍼니 ○○○입니다.
지난번 미팅 때 당사와의 콜라보 제품 생산에 대해 긍정적으로 합의해 주셔서 감사드립니다.
관련해서 아래의 내용을 확정하기 위해 미팅을 하고자 합니다.

1. 논의할 사항
   1) 콜라보 제품 생산 개수 확정
   2) 고객 니즈 파악 방법 논의
   3) 제품 선정 + 고객 니즈 반영할 방법 모색

2. 미팅 일정
   1) 제1희망 : 20XX년 ○○월 ○○일(목) 오후 2시
   2) 제2희망 : 20XX년 ○○월 ○○일(금) 하루 종일

두 날짜 중 가능한 날을 회신해 주시면, 귀사로 방문하도록 하겠습니다.
모두 어려울 때는 회신해 주시면 전화드리겠습니다. 전화로 일정을 조율하면 될 것 같습니다.
감사합니다.

1. 메일 제목만으로 내용 짐작이 가능합니다.

2. 메일의 목적을 초반에 분명히 밝힙니다.

3. 읽는 사람이 내용을 파악하기 쉽도록, 내용을 기준에 따라 분류해서 작성합니다.

4. 중복되는 말이나 군더더기 표현은 뺍니다.

5. 이번 주, 다음 주 등 불확실한 표현을 사용하지 않습니다.

6. 약속을 잡을 때 다른 일정이 있을 가능성을 열어두고 서로 최소한의 소통으로 확정할 수 있게 합니다.


• **기타 팁**

1. 만약 첨부 파일이 많다면 아래처럼 본문 하단에 첨부 파일의 정확한 개수와 파일명을 기재합니다. 첨부 파일이 누락되는 실수를 피할 수 있습니다.

   예) 첨부 1. ○○○ 계약서   첨부 2. ○○○ 기획서   첨부 3. ○○○ 결과 보고서

2. 제목을 기재하지 않는 실수를 막기 위해 '본문 → 제목 → 수신인'의 순서로 작성합니다.

3. 메일 발송 전 위의 내용들을 최종적으로 검토합니다. 오타 확인은 기본입니다.

지금까지의 내용을 로직 트리로 정리해 볼까요? 이것만 기억하고 제대로 활용한다면 메일을 효과적으로 쓰는 것이 일상이 될 것입니다. 원활한 소통과 업무 시간 단축은 덤입니다.

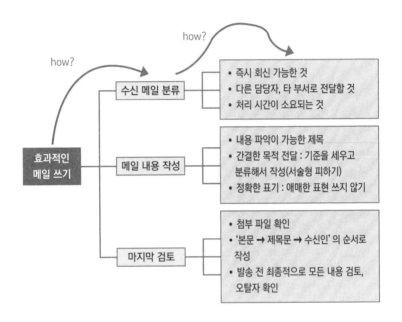

# 한 장으로 끝내는
# 기획서 쓰는 법

## 기획서를 위한 생각 정리

기획서를 작성하기 전에 미리 생각해 두어야 할 것들은 무엇일까요? 앞서 이야기했던 5W 2H로 생각을 정리해 봅시다.

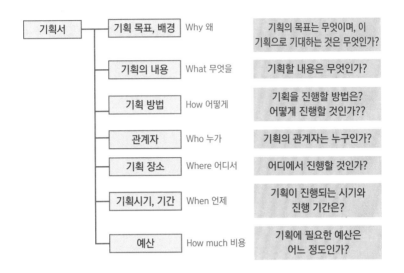

## why를 계속하면 설득력이 높아진다

'학생들을 위한 ○○○ 대표의 긍정 마인드 특강'을 기획한다고 생각해 봅시다. 관련된 포스터를 만든다고 할 때 이 문구 그대로를 써 놓는다면 어떻게 될까요? 아주 관심 있는 몇몇을 제외하고는 '내가 그걸 왜 들어야 하는데?'라고 생각할지 모릅니다. 그렇다면 어떻게 기획해야 학생들의 마음을 확 끌어당길 수 있을까요? why를 계속하면서 생각해 봅시다.

• 왜why 이 특강을 들어야 할까?

"긍정 마인드 강의를 잘하는 분이니까."


• 강의를 잘하는 것은 알지만, 요즘엔 강의를 잘하는 다른 강사들도 많다. 왜why 꼭 이 특강을 들어야 할까?

"좋은 이야기를 하는 강사들은 많지만, 현실적으로 크게 도움 된다는 생각이 들지 않았다. 그러나 이 강의를 들으면 도움이 될 것 같다."


• 왜why 이 특강은 도움이 된다고 생각할까?

"○○○ 대표는 회사가 두 번이나 망하는 경험을 했고, 세 번째 회사에서 대박이 났다. 원래부터 금수저인 사람들의 이야기를 들으면 별 감흥이 없겠지만, 이 분의 강의를 들으면 '나도 할 수 있어!'라는 마음이 들 것 같다. 실질적인 도움이 될 것 같다."


why를 생각하지 않고 what만 생각했다면 어떻게 됐을까요? '○○○ 대표의 강연이니 그냥 들으세요'라고 생각하고 기획서를 작성했을 것입니다. 반면에 Why를 생각하니 '우리와 마찬가지로 평범하고 실패도 했지만 이를 이기고 성공한 ○○○ 대표의 강연이니 꼭 들으세요'라는 생각에서 출발했을 것입니다.

학생들을 위한 ○○○ 대표의 긍정 마인드 특강 VS

실패의 쓴맛, 폭망의 쓴맛을 아는 사람만 오라! 실패 후 전 세계를 오가는

교육자가 된 ○○○ 대표의 긍정 마인드 특강

어느 쪽이 더 설득력이 있나요? why를 제대로 활용해서 기획하면, 학생들이 특강을 듣는 것에 더 만족할 것입니다. '이러이러한 이유로 이 특강을 들으러 왔으니까'라는 명분을 확실히 줄 수 있기 때문입니다. 시간을 낭비한 것이 아니라 의미 있는 시간을 보냈다고 생각할 것입니다. 그러니 what만 생각하지 말고 why를 생각하는 것이 제대로 된 기획의 출발임을 꼭 기억하셨으면 합니다.

## 제대로 된 기획서 작성하기

기획서는 한마디로 상대방을 설득하기 위한 문서입니다. 그렇기에 철저하게 받는 사람의 입장에서 생각해야 합니다. 이 때문에 상대의 입장에서 가장 받아들이기 쉬운 방식으로 전달하면 됩니다. 상

대방의 머릿속에 명확한 그림을 그려 주는 것입니다.

기획서를 받아든 상대의 머릿속은 어떤 상태일까요? 새로운 기획서를 확인한다는 것은 상대의 뇌가 새로운 학습을 받아들여야 하는 상태가 되는 것과 같습니다. 우리는 상대의 뇌가 편안하고 합리적으로 새로운 학습을 받아들이도록 만들면 됩니다. 세계적인 교육학자이자 뇌과학 전문가인 버니스 매카시Bernice McCarthy 박사는 우리 뇌가 학습할 때 다음과 같은 과정을 거친다고 주장합니다. 이를 학습의 4단계, '4MAT'이라 합니다.

쉽게 생각해 봅시다. 만약 초등학교 1학년 조카에게 "구구단은 꼭 외우는 게 좋아"라고만 이야기한다면, 관심이 생길까요? "왜 외우라고 해?"라고 반문할 것입니다. 설령 관심이 조금 있더라도 "왜 그래야 하는데?", "그게 뭔데?", "그래서 어쩌라고?", "그러면 뭐가 좋은데?" 등의 질문이 나올 것입니다. 그러니 처음부터 관심을 이

4MAT

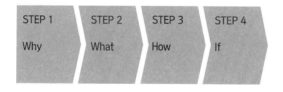

끌어 내 설득당할 수 있도록 설명하는 것이 좋겠죠.


〈why〉 왜 해야 하는가?

"구구단을 알아야 다른 많은 것에 응용할 수 있게 돼. 실생활에 꼭 필요하지."


〈what〉 알아야 할 것은 무엇인가?

"네가 알아야 할 구구단은 ~~ 이런 거야."


〈how〉 근본 원리와 세부 내용은 무엇인가?

"사과가 세 개씩 아홉 줄이 있다면, 다 세어 보지 않고도 '3 X 9 = 27' 하고 한 번에 알게 돼."(원리 설명)


〈if〉 이것을 하게 되면 어떤 일이 일어날 것인가?

"구구단을 익혀 두면 숫자 세기도 편해지고, 계산도 빠르게 하게 될 거야!"


조카의 입장에서 왜 이것을 해야 하는지why, 알아야 할 것은 무엇인지what, 이것의 원리와 상세한 내용은 무엇인지how, 이것을 함으로써 어떤 좋은 점이 있는지if를 설명하는 것입니다. 이렇게 이야기한다면 무작정 외우라고 할 때와는 다르게 새로운 관심을 가질 테고, 조카에게 꼭 필요한 것으로 받아들일 것입니다. 기획서도 마찬가지입니다. 내 입장에서의 설명이 아닌, 상대의 입장에서 상대가 설득되어 스스로 행동할 수 있도록 설명해야 합니다.

기획서를 최대한 설득하는 느낌으로 작성하기만 하면, 모든 상사가 만족할까요? 기획서를 받아든 사람들마다 특별히 중요하게 여기는 부분이 있을 것입니다. 상사가 어떤 유형이냐에 따라 누군가는 의미why, 누군가는 실행what, 또 다른 누군가는 방법how, 또 다른 누군가는 전망if 혹은 기대expectation에 대해 집중적으로 질문할 것입니다. 예를 들어 아랫사람은 일의 의미를 중시하는 'why 중시형'이고, 상사는 의미보다 실행하는 것에 관심을 둔 'how 중시형'이라고 합시다. 팀원이 자신의 관점에서 기획서를 쓴다면 상사를 제대로 설득할 수 있을까요? 아마도 실행력이 부족하다는 소리를 들을 것입니다.

이렇듯 사람마다 중요하게 여기는 것이 다릅니다. 따라서 상사가 어느 부분을 중시하는지를 파악해 그에 맞게 기획서를 작성하되, 기본적으로 4단계를 모두 포함해야 합니다. 상대가 궁금해하는 네 가지에 모두 대답이 될 수 있도록 해야 합니다. 물론 한 장으로 깔끔하게 정리되어야 합니다.

| 제목 |
| :---: |
| Why |
| 당신(회사)에게 이런 문제점이 있습니다. |
| What |
| 해결책은 이렇습니다.(전략, 계획 등) |
| How |
| 세부 실행 방법은 이렇습니다. |
| If(expectation) |
| 문제(혹은 니즈)를 해결한다면, 지금보다 이런 부분들이 더 좋아질 것입니다. |

# 한눈에 파악되는
# 보고서 쓰는 법

보고서는 단 한 장만으로도 한눈에 파악할 수 있게 만들어야 합니다. 보고서가 있는데도 부연 설명을 꼭 해야 한다면 실패한 보고서입니다. 보고서만 보고도 모든 걸 이해하도록 하는 것이 진정한 보고서라고 할 수 있습니다. 요즘엔 우스갯소리로 상대가 지나치게 말을 많이 하면 '안물안궁' 혹은 'TMI'라고 되받아칩니다. '안물안궁'은 '안 물어봤고 안 궁금하다'라는 뜻이고, TMI는 'too much information'의 약자로 '너무 많은 정보, 굳이 알려주지 않아도 될 정보'를 뜻합니다.

보고서도 마찬가지입니다. 상사가 궁금해하지 않을 내용에 대해 장황하게 설명하거나 너무 많은 정보를 알려주는 것은 금물입니다. 상사가 필요로 하는 정보를 핵심만 요약해서 적어야 합니다. 대부분의 사람은 수십 장의 보고서를 작성해야 한다는 압박에 쓰기 전부터 괴로움을 느끼곤 합니다. 고생해서 만든 수십 장의 보고서를 받아든 상사의 기분은 어떨까요? 우리의 기대와는 달리 '이 많은 걸 언제 다 읽느냐'며 피곤해할 것입니다. 쓰는 사람도 괴롭고 읽는 사람도 괴로운 이 상황에서 벗어나려면 한 장의 보고서가 답입니다.

직장 생활을 잘하려면 오롯이 업무 실력만 좋으면 될까요? 일만 잘한다고 업무 평가를 높게 받는 것은 아닙니다. 나의 실력을 얼마나 잘 포장하느냐에 따라 평가 결과는 현저히 달라집니다. 업무 처리 능력보다 그럴듯한 포장 능력으로 인정받는 사람들이 있습니다. 이 사람들의 공통점은 무엇일까요? 바로 자신의 생각을 회사에서 사용하는 언어로 문서화하는 능력이 탁월하다는 점입니다. 데일 카네기는 이렇게 말했습니다. "한 사람의 성공은 15퍼센트의 기술 지식과 85퍼센트의 언어 표현 능력에 달려 있다." 이처럼 어떻게 표현하는가는 직장 생활에서 매우 중요한 항목입니다.

그렇다면 어떻게 해야 제대로 된 보고서를 작성할 수 있을까요?

학교에 다니면서 썼던 글쓰기와 직장에서의 글쓰기는 어떻게 다른지 생각해 봅시다. 아마 학교에서 썼던 몇십 장의 레포트보다 지금의 보고서 한 장이 훨씬 어렵게 느껴질 것입니다. 그 이유는 무엇일까요? 레포트와 보고서는 목적이 다르기 때문입니다. 학교에서 제출했던 레포트는 '내가 이것에 대해 얼마나 잘 알고 있느냐'를 어필하는 것입니다. 즉, 내 생각이나 주장이 얼마나 논리적인지를 표현하면 됩니다. 그러나 직장에서 사용하는 문서들은 다릅니다. '상대방이 무엇에 대해 알고 싶어 하는가?'를 어필해야 합니다. 즉, 내 주장이 상대에게 어떻게 도움이 될지 생각해야 하는 것이죠.

열심히 작성한 보고서를 받아 본 상사의 반응 때문에 괴로웠던 기억은 누구나 있을 것입니다. 아마도 상사의 이런 반응들 때문이었을 것입니다. "정말 많은 걸 기재했네. 그런데 핵심이 없네?" "이건 두서가 없잖아!" "앞뒤가 안 맞네."

상사는 도대체 '왜 why' 나의 보고서를 보고 이런 반응을 보였을까요? 잘 생각해 봅시다. '핵심이 없다'는 말은 가장 중요한 결론이 없다는 뜻입니다. '두서가 없다'는 말은 글의 구조가 약하다는 것이고요. '앞뒤가 안 맞다'는 말은 글에 일관성이 없다는 뜻입니다.

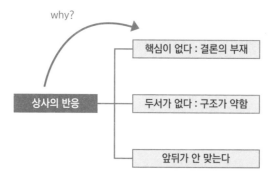

이제 상사의 의도를 알았습니다. 그렇다면 '어떻게 how' 해야 제대로 된 계획서를 쓸 수 있을지 생각해 봅시다.

첫 번째로 핵심을 쉽게 파악하게 하려면 어떻게 해야 할까요? 바로 서두에 결론을 제시하면 됩니다. 결론이 나중에 나오면 읽다가 지쳐 버립니다. 또한 초반에 핵심이 나와야 뒤에 나올 내용을 예상하면서 읽을 수 있습니다. 당연히 보고서의 내용도 더 잘 들어오겠죠. 보통 서두에 결론이 나오는 것이 일반적이지만, 보고서의 종류에 따라 조금씩 달라지기도 합니다. 그럼 보고서의 종류에 따라 어떻게 제시하면 될지 구체적으로 봅시다.

이슈 사항, 문제 결과, 조사 결과 등의 상황 보고서에는 서두에 '(결과가) ~라고 합니다'라는 메시지를 제시하면 됩니다. 여러 가지

사안 가운데 선택을 요청하거나 예산을 초과한 부분에 대해 승인을 요청할 때 필요한 '요청 보고서'의 경우에는 서두에 '~에 대해서 (선택 혹은 승인)해 주세요'라는 메시지를 제시합니다. 마지막으로 제안 보고서의 경우는 실행을 위한 명확한 대안책이나 액션 플랜 등을 제시해야 하므로 '~~를 합시다'의 메시지를 핵심적으로 기재합니다. 단 제안 보고서의 경우 다짜고짜 '~합시다'로 시작하기보다 문제점이나 현황을 먼저 제시하는 편이 좋습니다.

　두 번째로 '두서가 없다'라는 말은 문서의 구조가 약하다는 뜻입니다. 따라서 문서를 한 장으로 구조화하는 연습을 해야 합니다. 보고서의 형태에 따라 다음과 같은 메시지를 담는다는 느낌으로 구조화하면 됩니다.

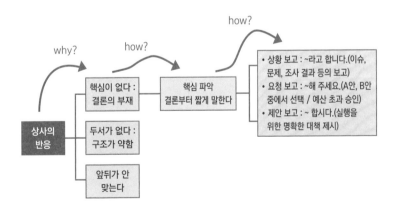

■ 상황 보고서

① [결론] 결론부터 말씀드리면 현재 상황은 ○○○입니다.
② [근거] 세부적으로 A, B, C 항목을 보여 드리겠습니다.

   A 항목 : 한 줄 요약

           근거 자료

   B 항목 : 한 줄 요약

           근거 자료

   C 항목 : 한 줄 요약

           근거 자료

■ 요청 보고서

① [결론] 결론부터 말씀드리면 ' 이것 '을 하자입니다.
② [근거, 사례] 이유는 세 가지가 있습니다.

           세 가지의 사례는 이렇습니다.

           첫째, 둘째, 셋째
③ [요청] 따라서 '이것' 을 하기 위해 ○○○을 허락해 주십시오.

> ■ 제안 보고서
>
> ① [현황/문제] 중요한 문제를 찾았습니다.
> ② [원인] 문제는 ○○○ 때문입니다.
> ③ [제안] 문제를 해결할 방법을 찾았습니다.(전략, 계획, 상품 등)
> ④ [방법] 구체적으로 이런 식으로 진행하고자 합니다.
> ⑤ [기대 효과] 문제를 해결하고, 지금보다 향상된 결과가 나타날 것입
>   니다.

마지막으로 '앞뒤가 맞지 않다'는 것은 문서에 일관성이 없다는 뜻입니다. 하나는 '톤 앤드 매너Tone and Manner'가 일관되지 않은 경우이고, 또 다른 하나는 규칙이 일관되지 않은 경우를 말합니다. 톤 앤드 매너란 하나의 콘셉트라고 생각하면 됩니다. 예를 들면, 서두에서는 A의 방식으로 가자고 제시해 놓고 결론은 B의 방식도 있다는 식의 결론을 내는 것입니다. 즉, 명확하지 않은 느낌으로 마무리하는 경우를 말합니다. 서두에서 '전 직원 커뮤니케이션 스킬 교육을 받아야 한다'고 던져 놓고, 마무리를 '조직 활성화 교육도 필요하다'라는 식으로 작성한 보고서를 말합니다.

규칙의 일관성이란 첫 번째, 각 영역의 일관성을 지키자는 것입

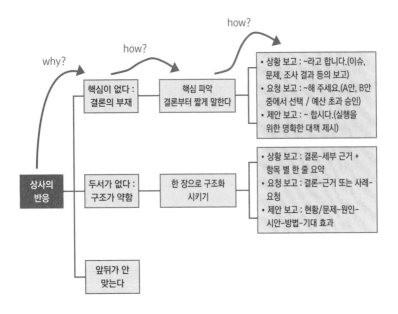

니다. 만약 영역의 일관성을 지키지 못한다면 어떻게 될까요? '현황, 문제점, 개선 방안'에 대해 쓴다고 할 때, '개선 방안'을 써야 하는 영역에 '문제점'을 반복해서 쓰는 오류를 범하게 됩니다. 즉, 서두에 '스트레스 관리 교육을 받아야 한다'고 해 놓고 '스트레스 관리의 중요성'만 강조하며 마무리하는 식의 보고서입니다. 스트레스 관리가 중요한 이유는 상사도 당연히 알고 있을 것입니다. 알고 있는 것을 또 알릴 필요는 없습니다. 스트레스 교육을 왜 받아야 하

며, 그것이 가져올 기대 효과가 무엇인지 설득하는 결론으로 가야

합니다.

규칙의 일관성과 관련된 두 번째는 부호나 표현 방식을 통일하

자는 것입니다. 유독 오타나 정렬 등에 민감한 상사가 있습니다. 아

무리 내용이 좋아도 눈에 거슬리는 부분이 있다면 지적만 당하다

가 끝날 수 있기에 신경 써야 하는 부분입니다.

이제 최종적으로 로직 트리를 활용해 '한눈에 파악되는 보고서

쓰는 법'을 정리해 보겠습니다. 이것만 잘 활용한다면 어떤 보고서

가 됐든 효과적으로 작성할 것입니다.

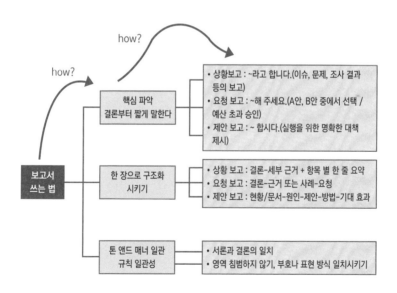

5

# 말을 잘하기
## 위한
## 생각 정리

# 이해 : 제대로
# 이해하고 시작하기

## 질문하기

업무에서 성과를 제대로 내고 싶다면 일을 제대로 이해하고 시작해야 합니다. 제대로 이해하고 싶다면 질문을 활용하는 것이 좋습니다. 시험을 칠 때 문제를 제대로 이해하지 못하면 정확한 답을 얻기 어렵습니다. 업무도 마찬가지입니다. 내가 할 업무를 제대로 이해하지 못하면 제대로 된 결과물을 얻기 어려울 것입니다. 또 업무 지식은 잘 안다고 해도, 상사가 의도한 바를 제대로 인식하지 못한

채 업무를 처리했다면 어떻게 될까요? 너무나 아쉽겠지만 그 자료는 버려질 가능성이 매우 큽니다. 그래도 정말 다행인 점은 시험 문제를 풀 때는 중간에 질문을 하면 안 되지만, 업무와 관련해서는 중간에 얼마든지 상사에게 질문할 수 있다는 것입니다.

알베르트 아인슈타인은 "만약 당신이 무언가를 간단하게 설명하지 못한다면 제대로 이해하지 못했기 때문이다"라고 말했습니다. 이 말을 되새기며 업무에 돌입하기 전에 스스로에게 설명을 해 보시기 바랍니다. 만약 턱하고 막힌다면 어떻게 해야 할까요? '이대로 진행했다가는 상사에게 질책당할 것이 분명하니 다시 보고할 셈 치고 우선 대강이라도 업무를 처리할까?'라고 생각한다면 큰 오산입니다. 그러면 어떻게 해야 할까요? 업무에 돌입하기 전 상사에게 질문하면 됩니다.

많은 직원이 상사에게 질문하는 것을 부담스럽게 생각합니다. 특히 신입 사원은 더 그렇죠. 상사에게 질문하는 것이 두렵기까지 할 것입니다. 괜히 질문했다가 상사의 말을 한 번에 이해하지 못하는 한심한 직원으로 찍힐까 봐 두려움마저 생깁니다. 또 질문하는 것이 상사의 말에 토를 달거나 반항하는 행동처럼 보일까 봐 소심해지기도 할 테고요. 이것은 사실 저의 경험이기도 합니다. 훗날 저에게도 부하 직원들이 생기면서 그동안의 생각이 잘못되었음을 깨달았습니다. 처음부터 확실하게 질문하는 직원들의 아웃풋이 훨씬 좋았기 때문입니다 그리고 나의 우려와는 반대로 질문하는 직원이 더 적극적이고 똑 부러지게 보였습니다. 그러니 상사에게 질문하는 것을 두려워하지 않았으면 합니다.

질문은 경우의 수를 좁히기 때문에 불필요한 일을 줄여 줍니다. 뿐만 아니라 상대의 의도를 정확하게 파악하고 충족시키게 합니다. 다음은 퇴근하고 집에 돌아오고 있는 딸에게 엄마가 전화를 건 상황입니다.

엄마 : 딸! 내일 아침으로 빵을 먹을 생각인데, 오는 길에 사 올 수 있겠니?

딸 : 그럼요, 엄마! 집 근처 베이커리에 들러 사 갈게요!

딸은 베이커리에 들러 약간의 고민 끝에 단팥빵, 슈크림빵, 소보로빵, 크로켓, 카스텔라를 골라 담았습니다. '다양하게 담았으니 이 정도면 되겠지?' 생각하고 집에 도착해 엄마에게 빵을 내밀었습니다. 그런데 엄마는 이렇게 말하는 것입니다. "난 그냥 잼 발라 먹을 식빵이 필요했는데…" 이 말을 들은 딸은 짜증을 내며 말합니다. "아우, 엄마. 그럼 진작 말하지." 기껏 엄마의 부탁을 들어주고도 좋은 소리를 듣지 못했으니 짜증이 날 만도 합니다.

그런데 만약 상사와의 업무에서 이런 식으로 대응한다면 어떻게 될까요? "부장님. 실적 자료를 달라고 하셔서 1년 치 누적 자료를 드렸는데, 이제 와서 4분기 자료만 필요하다니요? 그럼 진작 말씀을 하셨어야죠." 이렇게 말했다가는 되바라진 부하 직원으로 낙인찍히고 말 것입니다. 만약 엄마가 딸에게 전화했을 때 딸이 질문했다면 어떻게 됐을까요?

엄마 : 딸~ 엄마가 빵이 좀 먹고 싶은데 오는 길에 사 올 수 있겠니?

딸 : 그럼요, 엄마! 집 근처 베이커리에 들러 사 갈게요!

  (질문 1) 종류 별로 여러 개 살까요?

엄마 : 아니, 너무 많이 살 필요는 없어.

딸 : (질문 2) 그럼 크림빵처럼 달콤한 빵을 살까요? 아니면 담백한 식빵 종류를 살까요?

엄마 : 우유 식빵이 좋겠어! 부탁해. 고마워!

이처럼 딸이 엄마에게 질문 두 개를 하는 데는 몇 초 걸리지 않았습니다. 두 번의 질문 덕분에 어떤 빵을 골라야 할지 고민하는 시간도 줄이고, 엄마가 원하는 빵을 정확하게 사드릴 수도 있었죠. 질문으로 상대의 니즈를 정확히 파악하고 욕구를 충족시킨 것입니다.

아까 상사와의 사례에도 질문하기를 적용해 보면 어떨까요?

> 상사 : 실적 자료를 간단히 보고해 주세요.
>
> 나 : 네, 알겠습니다.
>
> (자료 질문) 1년 치 실적 자료와 4분기 자료 둘 다 필요하신가요?
>
> 상사 : 4분기 자료만 주시면 됩니다.
>
> 나 : 네, 알겠습니다.
>
> (기한 질문) 한 시간 내로 드리면 될까요?
>
> 상사 : 그렇게까지 급한 건 아니에요. 오늘 퇴근 전까지만 주시면 됩니다.

질문 두 번으로 휴지통에 들어갈 뻔한 1년 치 자료를 만드는 일을 없앴습니다. 또한 4분기 자료를 다시 작성하면서 낭비하는 시간과 수고로움도 벗어나게 되었고요. 실적 자료가 급하게 필요한 것 같다고 짐작해서 만사 제쳐 두고 이 업무부터 했다면 상실감은 더더욱 컸을 것입니다. 다행히 사전에 기한을 물어 봤기에 다른 업무와의 시간도 조율하게 됐습니다. 이렇듯 질문하기는 작은 실천이지만 그 힘은 꽤 큽니다.

그렇다고 모든 질문이 다 효과적이지는 않습니다. '그건 잘 모르겠는데요?', '어떻게 하라는 것인가요?' 식의 질문은 곤란합니다. 이렇게 무턱대고 물어보면 상사도 어디서부터 어떻게 알려줘야 할지 난감할 것입니다. 생소한 업무를 맡게 됐다면 "제가 이 일이 처음이라서 그런데 참고할 만한 자료나 원하시는 방식이 있는지 말씀해 주시면 도움이 될 것 같습니다"와 같은 식으로 질문하면 좋겠죠.

## 조해리의 창

직장 생활을 하다 보면 내가 잘못한 것에 비해 심하게 안 좋은 소리를 들을 때도 있습니다. 이럴 땐 상사의 기분이 안 좋은 타이밍에 잘못 걸렸다고 생각하며 상사를 비난하는 마음이 생기기도 합니다. 그러나 상사는 나조차 알지 못하는 나의 모습에 대해 조언해 준 것일 수도 있습니다.

최선을 다해 보고서를 드렸는데 상사가 또 심하게 질책하면 기분이 좋지 않습니다. 내가 보기에는 이렇게까지 싫은 소리를 들을 정도는 아닌 것 같은데 상사가 심하다는 생각이 듭니다. 상사는 그냥 나라는 사람 자체를 싫어하는 것 같습니다. '내가 어떤 일을 해도 저 사람은 제대로 된 평가를 해 주지 않겠지? 그냥 나를 싫어하

| | 자신은 안다 | 자신은 모른다 |
|---|---|---|
| 타인은 안다 | 열린 창<br>open | 보이지 않는 창<br>blind |
| 타인은 모른다 | 숨겨진 창<br>hidden | 미지의 창<br>unknown |

니까'라고 생각하면 일할 의욕도 생기지 않습니다. 과연 상사는 나를 정말 싫어했을까요? 상사가 나를 싫어하니 어떤 아웃풋도 소용없을 것이라는 건 본인만의 생각일 수 있습니다. 이런 나의 생각이 틀렸다는 것을 안다면, 일을 대하는 나의 태도 또한 변할 것입니다.

위의 매트릭스는 미국의 심리학자인 조지프 루프트Joseph Luft와 해리 잉검Harry Ingham이 개발한 '조해리의 창Johari's window'입니다. 조해리의 창에 따르면 인간의 마음은 네 가지로 나뉩니다. 첫째, 나도 알고 남도 아는 부분. 둘째, 남은 알지만 나는 모르는 부분. 셋째, 나는 알지만 남은 모르는 부분. 넷째, 남도 모르고 나도 모르는 부분입니다.

상사가 나에게 이야기하는 것들은 나조차도 인식하지 못한 '보이지 않는 창', 즉 '남은 알지만 나는 모르는 부분'일 수도 있습니다. 만약 남은 알지만 나는 모르는 단점에 대해 계속 부정하다 보면 어떻게 될까요? 결국 주변 환경만을 탓하며 나는 성장하지 못할 가능성이 큽니다.

상사와의 원활한 관계를 위해서는 '열린 창' 영역으로 가야 합니다. 서로 오해를 풀고 솔직한 마음을 전한다면 두 사람의 관계는 훨씬 좋아지고 신뢰도 쌓일 것입니다. 그렇지만 상사와 솔직한 관계가 되기란 좀처럼 쉽지 않습니다. 이때도 질문 기법을 활용하면 좋습니다. 식사 시간이나 티타임을 활용해 시도해 보시기 바랍니다. 먼저 '사실, 경험에 의한 폐쇄형 질문'으로 물꼬를 튼 뒤 '개방형 질문'을 활용해 대화를 이어 가면 됩니다.

폐쇄형 질문 : 상대의 대답이 Yes/No로 한정되는 질문

(지나치면 심문처럼 느껴질 수 있으니 주의)

개방형 질문 : 상대가 자유롭게 대답할 수 있는 5W 1H 식 질문

상사와의 관계가 좋아지면, 상사가 설령 좋지 않은 피드백을 하더라도 진심 어린 충고로 받아들이게 됩니다. 이것은 나를 더 성장하게 만들 것입니다. 그리고 그동안의 업무 태도 또한 변할 것입니

다. 소극적인 태도에서 적극적인 태도로 말이죠. 나는 알지만 남은 모르는 '숨겨진 창' 부분을 용기 내서 남에게 드러내고, 남은 알지만 나는 모르는 부분인 '보이지 않는 창'의 영역을 진정으로 수용할 때 성숙해질 수 있다는 것을 꼭 기억하시기 바랍니다.

# 대상 : 내가 설득해야 할
# 최종적인 대상 알기

업무 결과를 보고할 때 우리는 상사에게 긍정적인 평가와 호의적인 반응을 얻고 싶어 합니다. 그러기 위한 최고의 방법은 무엇일까요? 상사를 빛나게 만들면 됩니다. 나의 상사가 그의 상사에게 인정받도록 말이죠. 즉, 나의 팀장이 임원에게 인정받게 하면 된다는 말입니다. '그러다 죽 쒀서 개 주는 꼴이 되는 게 아닐까?'라는 생각이 들 것입니다. 하지만 절대 그렇지 않습니다. 상사의 입장에서 일하면 업무를 바라보는 나의 안목이 넓어집니다. 따라서 결과물을 수정하는 업무의 양도 줄어들고요. 결과적으로 일을 더욱 효율적으로 하게 되는 큰 장점이 있습니다.

## 업무를 바라보는 관점의 차이

업무를 바라보는 관점에 따라 그 결과는 현저하게 달라집니다. '벽돌 쌓는 장인 이야기'는 이를 대변해 주는 유명한 일화입니다. 한 나그네가 여행하다가 거리에서 벽돌을 쌓는 장인들을 만납니다. 나그네는 그들에게 "지금 무엇을 하고 있습니까?"라고 물었습니다. 이에 장인들은 아래와 같이 대답합니다.

> 나그네 : "지금 무엇을 하고 있습니까?"
> 장인 1 : "돈을 벌기 위해 벽돌을 쌓고 있소."
> 장인 2 : "나의 직업은 벽돌을 쌓는 일이오."
> 장인 3 : "많은 사람이 평화로울 수 있도록 대성당을 짓고 있다네,"

장인 세 명은 똑같이 벽돌을 쌓고 있습니다. 하지만 무슨 일을 하는지에 대한 대답은 각각 다릅니다. 첫 번째 장인은 단지 눈앞에 하는 일이 무엇인지 말합니다. 두 번째 장인은 자신의 직업과 담당하는 업무를 말하고요. 세 번째 장인은 이 작업이 어떠한 결과를 가져올지 이야기합니다. 즉, 일의 목적을 정확히 인지하며 일하고 있습니다.

장인들은 같은 일을 두고 각기 다른 시점에서 바라보며 일하고 있습니다. 세 번째 장인은 작업을 하면서 '이 벽돌은 아마도 사람들의 손길이 많이 닿겠지. 그러니 표면을 매끄럽게 가공하는 것이 좋겠어'라고 생각할지도 모릅니다. 그는 이런 생각을 할 수 있는 유연함이 있습니다. 단지 주어진 일만 하는 첫 번째, 두 번째 장인은 이런 생각을 할 유연함이 없을 테죠. 결국 이들은 벽돌을 쌓는 작업이 끝나고 나서 벽돌 표면을 매끄럽게 가공하라는 지시를 다시 받았을 것입니다. 이들은 다시 한 번 수고를 해야만 합니다.

이처럼 상사의 입장, 즉 일을 지시하는 사람의 관점에서 생각하면 일을 바라보는 시각이 달라집니다. '상사는 왜 이 일을 하라고 했을까?'에 대해 고민하면 시행착오를 줄일 수 있습니다. 보고서를 제출하기 전에도 상사의 관점에서 다시 한 번 생각해 봅시다. '내가 이 보고서를 받는다면 이 부분을 지적할 것 같아.' 이런 식으로 수정할 부분이 눈에 보일 것입니다. 상사의 입장에서 일을 하면 업무 보고 후에 발생할 수정 작업이 눈에 띄게 줄어들 것입니다. 결국 업무의 효율도 엄청나게 높아질 테고요.

자동차 왕으로 불리는 미국의 자동차 회사 포드의 창설자인 헨리 포드Henry Ford는 이렇게 말했습니다. "만약 성공의 비결이란 것이 있다고 하면 그것은 타인의 관점을 잘 포착하여 자기 자신의 입장에서 사물을 볼 줄 아는 재능, 바로 그것이다." 포드의 말처럼 상대의 관점을 잘 포착하여 일을 한다면, 나의 한계를 훨씬 뛰어넘는 엄청난 결과를 맛볼 것입니다.

## 최종적으로 설득할 대상은?

상사에게 이번에 지시한 일은 여러 가지 이유로 불가능하다고 보고했습니다. 그런데도 상사가 막무가내로 다시 지시를 한다면 왜 그러는 것일까요? 그건 상사도 그의 상사에게 그 지시를 받았기 때문입니다. 임원급에게 '이건 불가능한 일입니다'라고 보고하기가 쉬운 일일까요? 아마도 나의 상사도 엄청나게 곤란한 상태일 것입니다.

상사가 부하 직원에게 '대표의 해외 기업 방문 요청 건'에 대해 지시했습니다. 부하 직원은 회사 대표가 그 기업의 임원을 만나고자 한다는 말에 해당 기업에 정중히 요청했습니다. 그런데 하필 대표가 방문하려는 때가 해외 기업의 휴가 기간이라고 하네요. 임직원 모두가 자리를 비울 예정이라 만나기 어렵다는 회신을 받았습니다. 부하 직원은 상사에게 메일을 전달하며 방문이 어려울 것 같다고 보고합니다. 그러나 상사는 안 된다고 하지 말고 방법을 찾아보라며 재촉합니다. 부하 직원은 '만약 추석 때 고향에 내려가지 말고 회사에 출근하라고 하면 출근할까? 그러지도 않을 거면서…'라는 생각이 들자 가슴이 답답하기만 합니다. 이럴 땐 어떻게 해야 할까요?

상사가 무리한 요구를 하는 데는 이유가 있을 것입니다. 상사 입장에서 생각해 보니, 상사는 대표에게 안 된다는 결과를 보고하는 것이 매우 곤란할 듯합니다. 그렇다면 대표가 '왜' 해외 기업을 방문하려고 하는지 알아봐야 합니다. 질문을 통해 알아보기로 합니다.

"팀장님. 그런데 대표님께서는 왜 꼭 그 기업의 임원진을 만나고 싶어 하실까요?"

"최근에 대표님이 친환경 사업에 관심이 많으셔. 그 기업이 친환경 사업으로 유명하다는 이야기를 들으셨나 봐. 그래서 이번 출장 때 꼭 거길 들르고 싶다고 하시네."

대답을 들으니 해결의 실마리가 보이는 듯합니다. 친환경 사업에 관심이 많아서라면 꼭 임원을 만나지 않아도 될 것 같습니다. 휴가 기간에 당직인 직원이 있는지, 이 직원이 산업 시찰을 도와줄 수 있는지 알아보면 됩니다. 확인해 보니 연구소의 소장은 남아 있을 예정이라고 하네요. 임원 미팅은 가능하지 않지만, 다행히 실무자가 설명하는 시찰은 가능하다는 답변을 받았습니다. 또 다른 방법을 하나 더 찾아볼까요? 친환경 분야에 탁월한 다른 기업을 찾아보는 것입니다. 다행히 몇몇 기업을 찾았습니다. 이제 그 결과들을 들고 팀장에게 가서 얘기하면 됩니다.

"팀장님. 대표님께서 친환경 사업에 관심이 많아서 그 기업에 방문하길 희망하시는 거죠? 말씀드렸듯이 그 기업이 전체 휴가라 임원 미팅은 어렵지만, 연구소 소장과 함께 시설을 둘러보면서 설명을 듣는 것은 가능하다는 답변을 받았습니다. 그리고 조사해 보니 친환경 분야에서 탁월한 성과를 내는 기업이 몇 군데 더 있더라고요. 만약 대표님께서 다른 기업 방문도 괜찮다고 하시면 미팅이 가능한지 알아보겠습니다."

팀장은 대표를 설득할 카드가 생겼습니다. 이제 일정대로 해외 기업을 방문하든, 다른 기업을 알아보든 결정이 날 때까지 기다리면 되죠. 그 이후에는 지시받은 것에 따라 액션을 취하기만 하면 됩니다. 팀장은 아마도 부하 직원의 능력을 인정하면서 고마운 마음까지 들었을지도 모릅니다. 내가 설득해야 할 대상이 나의 팀장에 국한되지 않는다는 사실을 기억합시다. 최종 설득해야 할 대상을 찾읍시다. 그를 타깃으로 한 설득 방법을 찾는 것이 현명한 해결 방법임을 꼭 명심하시기 바랍니다.

# 결론 : 결론부터 말하자 지루해하기 전에

상사의 질문에 대한 답이나 업무 결과 등을 보고할 때는 결론부터 말해야 합니다. 결론이 뭔지도 모르는 채 여러 이야기를 듣고 있는 상사는 답답하기만 할 것입니다. '그래서 도대체 결론이 뭔데?'라는 생각에 초조해하고 예민해질 수도 있습니다. 그리고 점점 집중력이 떨어져 결국 경청하기 힘든 상태가 되고 맙니다. 바쁜 사람을 붙잡고 나의 이야기를 처음부터 끝까지 들어 주길 바라는 것은 욕심일 뿐입니다. 그들은 짧은 시간 안에 핵심만을 듣고 싶어 합니다. 엄마와 딸의 대화에서도 이런 모습은 쉽게 찾아볼 수 있습니다.

엄마 : 딸! 세상에… 오늘 충격적인 일이 있었어.

딸 : 무슨 큰일이라도 있었어?

엄마 : 아니 글쎄, 우리 전에 살던 집 앞 슈퍼 주인 알지? 남희 엄마 말이야.

딸 : (별일 아니라는 안도와 함께) 얼굴은 모르지만 존재는 알지. 엄마가 하
도 얘기를 해서.

엄마 : 오늘 시장 갔다가 정말 오랜만에 그이와 마주쳤거든. 근데 글쎄 유
방암 3기라고 하더라. 수술 날 받아 놨대. 얼굴도 수척하니 안됐더
라.(계속 되는 이야기)

딸 : 안타깝네. 엄마, 나 이제 좀 씻고 싶은데….

엄마 : 그이가 그러는데 몸이 아프니 아무것도 소용이 없다고. 조금이라도
건강할 때 하고 싶은 것 맘껏 하고 맛있는 것 많이 먹으러 다니라더
라. 문화센터도 다니고 말이야.

딸 : (집중이 안 됨) ….

엄마 : 그래서 말인데 문화센터도 좋지만, 나는 우리 가족 다 같이 해외여
행을 가면 좋겠어. 네가 좀 추진해 보는 거 어때? 엄마는 그동안 관
광 위주로 갔었는데 이번에는 휴양지로 … (계속 되는 설명) 마사지
도 좀 받고. 그게 좋겠지? 딸! 대답 좀 하자.

딸 : 응? 유방암에 마사지가 좋다고? 그건 모유 수유할 때나 좋은 거 아닌
가?

엄마와 대화할 때 일부러 집중하지 않은 것은 아니지만, 이런 식의 엄마 이야기는 끝까지 경청하기가 정말 힘듭니다. 결국 대화의 결론은 가족 여행입니다. 그런데 크게 관심도 없는 옛 동네 아주머니 이야기로 시작을 하니 듣다가 지쳐 버리게 되죠. 꼭 이런 식으로 본심을 전해야만 했을까요? 직장에서의 대화도 마찬가지입니다. 나의 이야기에 상사가 집중을 못하거나 무슨 얘기를 하는지 제대로 알아듣지 못하겠다며 짜증을 낸다면, 나의 보고 방식을 점검해 봐야 합니다.

'엘리베이터 스피치'라는 것이 있습니다. 이는 엘리베이터를 타고 이동하는 짧은 시간 안에 전하고자 하는 메시지를 짧고 굵게 전달하는 기법입니다. 내 인생에서 절대 놓쳐서는 안 되는 사람과 엘리베이터를 탔다고 생각해 봅시다. 그 짧은 시간 안에 나를 어필하지 않으면 기회는 날아가 버릴지도 모릅니다. 그런데 나를 어필하기 위해 성장 배경부터 설명한다면 어떻게 될까요? 성장 배경을 다 소개하기도 전에 엘리베이터 문이 열리고, 그 사람은 바로 내려 버릴 것입니다. 그를 놓치지 않기 위해서는 나를 어필할 수 있는 강력한 한 방이 필요합니다.

상사에게 보고할 때도 그렇습니다. 장황한 배경 설명은 중요치 않습니다. 상사를 설득할 강력한 한 방을 초반에 날려야 합니다. 그래야 상사도 나의 이야기에 집중할 테니까요. 팀장과의 다음 대화를 살펴봅시다.

나 : 저… 팀장님. 월례회의 관련해서 보고드릴 것이 있습니다.

팀장 : 뭔데요?(표정이 왜 저러지? 심각한 일이라도 생겼나?)

나 : 강사 초빙과 관련된 건입니다. 지난 번 월례회의에서 요새 우리 회사 직원들이 열정이 없어 보인다고 대표님의 걱정이 이만저만이 아니셨잖아요. 그래서 이번 월례회의에서는 직원들의 열정을 끌어올릴 강의를 듣는 데 신경 써 달라고 말씀하셨죠? 그래서 규모가 있는 강사 에이전시를 뒤져서 동기 부여를 잘해 줄 수 있는 강사를 알아봤습니다. 그런데 그 분야에서 꽤나 인정받고 있는 강사들은 이미 스케줄이 꽉 차 있다고 하더라고요. 그래서 이렇게는 도저히 안 되겠다 싶어서 제가 직접 강사에게 연락해 보면 어떨까 하는 생각을 했습니다. 그래서….

팀장 : ('못 구했다는 건가…. 대표님께 한 소리 듣겠네.' 짜증을 참는 말투로) 그래서 섭외를 못 했다는 건가요? 나 지금 좀 바쁜데, 빨리 좀 얘기해 줄래요? 결론이 뭐죠?

나 : 그래서 제가 며칠 동안 저의 모든 인맥을 동원해 여기저기 다 부탁했습니다. 다행히 대표님이 평소에 관심을 가지셨던 ○○○ 교수를 초빙하는 데 성공했습니다!

팀장 : ○○○ 교수 말고는 없나요? 초빙은 확실히 한 건가요? 다른 강사

　　　 리스트도 당장 보여 줘 봐요!

　이 직원은 평소 대표가 관심 있어 하는 교수를 초빙하는 데 성
공했습니다. 팀장에게 보고하면 당연히 칭찬받을 거라 내심 기대
했겠죠. 그런데 결국 팀장의 짜증 수치만 올리고 말았습니다. 그 이
유가 뭘까요? 바로 보고 과정이 잘못됐기 때문입니다. 도입부의 대
화를 들으면서 상사는 일이 제대로 진행되고 있지 않다는 추측과
우려를 했을 것입니다. 즉, 보고하면서 상사의 스트레스 수치를 급
상승시킨 셈이죠. 결국 좋은 결과를 어필한다고 해도, 앞의 대화에
서 이미 스트레스 지수가 확 오른 상사는 그것이 곱게 들릴 리 없습
니다. 같은 상황을 '도입부에 결론을 먼저 말하는 방식'으로 바꾼
다면 어떻게 될까요?

　나 : 팀장님. 이번 월례회의 강사 섭외와 관련해서 좋은 소식이 있습니다.

　　　 (결론이 포함된 도입부)

　팀장 : (긴장을 풀며 기대와 함께) 그래요? 무슨 소식이죠?

　나 : 지난 번 대표님께서 관심 갖고 계셨던 ○○○ 교수를 초빙하는 데 성공

　　　 했습니다. (결론)

팀장 : 오, 그래요? 잘했네요. 어떻게 초빙했어요?

나 : 웬만한 강사 에이전시에서는 이미 ○○○ 급의 강사는 스케줄이 꽉 차

있더라고요. 저의 인맥을 총 동원해서 여기저기 알아보고, 교수님의 연

락처를 받았습니다. 제가 직접 전화해서 꼭 오셨으면 한다고 설득한

끝에 어렵게 확답을 받았습니다.(성과 어필)

팀장 : 오, 고생했네요. 정말 수고 많았어요.(성과 인정)

같은 상황에서 두괄식 보고 방법을 썼을 뿐인데, 결과는 현저히
다릅니다. 앞의 대화에서와 달리 성과를 어필하는 데 성공했고 인
정도 받았습니다. 이처럼 직장에서의 대화는 초반에 일의 결과부
터 말하는 것이 중요합니다. 기승전결을 다 갖춰 표현하는 것은 중
요하지 않습니다. 예의를 갖추기 위해 기승전결 식의 보고를 했다

〈보고 습관〉 두괄식 보고 + 짧고 굵은 부연 설명

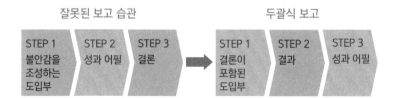

잘못된 보고 습관

STEP 1 불안감을 조성하는 도입부

STEP 2 성과 어필

STEP 3 결론

두괄식 보고

STEP 1 결론이 포함된 도입부

STEP 2 결과

STEP 3 성과 어필

가는 상대는 '승'의 단계에서 이미 딴 생각을 하게 될 가능성이 큽니다. 결국, 결론을 말하기 전까지의 대화는 물거품이 될 수도 있습니다. 잘못된 타이밍으로 나의 성과를 물거품으로 만들 수는 없겠죠? 두괄식으로 시작해서 단시간 내에 하고 싶은 말을 짧고 굵게 어필합시다. 나의 성과가 빛날 수 있도록 말입니다.

# 정확 : 상대의 머릿속에 모호함을 심지 말고 구체적으로 말하자

**애매한 표현이 낳은 서로 다른 해석**

사람들은 같은 단어나 문장을 보고도 저마다 다르게 해석합니다. '과일'이라는 단어를 떠올려 봅시다. 평소 과일을 정말 좋아하는 사람은 '맛있겠다'를 떠올리겠지만, 과일 알레르기가 있는 사람은 '가려움'을 떠올릴 수도 있습니다. 이렇듯 단어 하나에도 생각의 차이가 큰 법입니다. 우리가 매일 하는 대화에서는 어떨까요? 소개팅을 하고 있는 남녀의 대화를 살펴봅시다.

남 : 저의 올해 목표는 영어를 잘하는 것이에요.

여 : 어머. 그래요? 저도 그래요. 저도 올해 목표가 영어거든요.

(호감을 보이며) 일단 토익 900점을 목표로 같이 스터디를 해도 좋을 것 같아요.

토익 900점 넘으려면 얼마나 공부해야 할까요? 최근에 혹시 시험 보셨어요?

남 : 아… 저… 작년에 본 토익에서 이미 900점은 넘어서요.

여 : ….(뭐야. 잘난 척하는 거야? 차라리 대놓고 내가 마음에 들지 않는다고 말하지 그래!)


이 대화에서 갑자기 900점을 얘기한 남자의 센스가 좋은 편이라고 말하기는 어렵습니다. 하지만 사실 이 남자는 처음부터 잘난 척하려는 의도는 없었습니다. 남자는 단지 외국인과 대화를 자연스럽게 이어가는 것이 어렵기 때문에 영어를 잘하고 싶다고 말한 것뿐입니다. 반면에 여자는 객관적 수치로 증명되는 토익을 기준으로 영어 실력을 판단하고 있습니다. 이렇듯 '영어를 잘한다'는 것을 두고도 서로 해석하는 것이 다릅니다. 직장에서 나누는 다음 대화도 살펴봅시다.

상사 : 김 대리! 지난 달 매출 자료 좀 보고해 주세요!

나 : 네, 팀장님. 언제까지 드리면 될까요?

상사 : 최대한 빨리, 부탁해요!

나 : 네, 알겠습니다.


(한 시간 후)

상사 : 김 대리! 아까 부탁한 자료 다 됐죠?

나 : 오늘 퇴근 전까지 꼭 드리겠습니다.

상사 : 이런! 10분 후에 상무님께 보고드려야 하는데….

나 : 앗! 죄송합니다. 최대한 빨리라고 하셔서 오늘까지만 드리면 되는 줄
알았어요.


직장에서 흔히 일어나는 대화입니다. '최대한 빨리'를 해석하는
기준이 다르기 때문에 일어나는 일이죠. 상사의 '최대한 빨리'는
'한 시간 안으로'를 뜻하는 것이었습니다. 반면에 부하 직원은 '오
늘 안으로'의 의미로 해석했습니다. 이처럼 해석이 달라지기 쉬운
추상적인 표현은 업무에 혼선을 줍니다. 직장 생활에서 자주 사용
하는 추상적인 표현에는 어떤 것들이 있는지 살펴봅시다.

■ '얼마나'를 판단하기 어렵게 하는 표현

　　→ 매우, 많이, 소수의, 막대한, 가능한, 최대한, 전폭적인 등


■ 해석이나 정의가 광범위한 표현

　　→ 글로벌, 고객 만족, 현장 중심, 최적의 솔루션 등


특히 커뮤니케이션 오류 중 가장 빈번하게 일어나는 것이 기한과 정도와 관련된 것들입니다. 같은 단어에서 '최대한'으로 생각하는 사람과 '최소한'으로 생각하는 사람 사이에는 큰 차이가 있습니다.

이러한 차이는 오해를 만들고, 이 오해는 결국 잘못된 업무 결과로 이어집니다. 이를 막기 위해서는 기한과 정도에 대한 표현을 애

| | 표현 | 최소로 생각 | 최대로 생각 |
|---|---|---|---|
| 기한 | 주말까지 | 이번 주 금요일 | 다음주 월요일 출근 전까지 |
| | 가까운 시일 내로 | 2~3일 내로 | 1개월 내로 |
| 정도 | 가능한 한 | 짬 나는 대로 | 최선을 다해서 |
| | 어느 정도 | 20~30퍼센트 | 40~50퍼센트 |
| | 확인하다 | 눈으로만 검토하다 | 세세하게 살펴보다 |

매하게 하지 않아야 합니다. 구체적으로, 알기 쉬운 표현으로 정확하게 사용하고, 다른 암묵적인 전제는 없는지 확인해 보는 것이 좋습니다.

## 숫자 활용

애매한 표현으로 오해를 불러일으키지 않으려면 숫자로 표현하는 것이 좋습니다. 스위스의 수학자 레온하르트 오일러Leonhard Euler는 "우리는 우리의 판단력보다 도리어 대수적 계산에 신뢰를 두어야 한다"라고 말했습니다. 이 말은 비단 계산에서만 기억할 것이 아닌 듯합니다. 직장에서 언어를 표현할 때도 꼭 명심해야 할 말입니다. 애매하게 표현한다고 해서 마감일이 길어지는 것도, 업무 성과가 더 높게 보이는 것도 아닙니다. 그러니 모호한 표현은 지우고 정확하고 깔끔하게, 숫자를 활용해 대화해 봅시다. 다음과 같이 표현하면 됩니다.

> 상사 : 지난달 매출 마감 자료 언제 받을 수 있을까요?
>
> 나 : 최대한 빨리 드리겠습니다. → 두 시간 정도 걸릴 것 같습니다. 3시쯤

에 드리겠습니다.

상사 : 전월 대비해서 이번 달 실적은 어떤가요?

나 : 지난 달보다 약간 올랐습니다. → 좋습니다. 지난 달 대비 5퍼센트 성
장했습니다.

상사 : 사내 필수 교육 얼마나 이수했나요?

나 : 반 정도 들었습니다. → 직원 총 350명 중 187명 이수했습니다.

상사 : 거래처와 미팅 장소까지 시간이 얼마나 걸리나요?

나 : 왔다 갔다 하는 데 시간이 꽤 걸립니다. → 택시로 이동하면 왕복 한 시
간 반 정도 소요됩니다.


## 구체적 설명

뛰어난 아이디어가 있어도 좀처럼 인정받지 못하는 사람들이 있습
니다. 본인의 능력을 상대에게 충분히 설득시키지 못했기 때문입
니다. 혹시 여러분에게도 이런 기억이 있을지 모릅니다. '나는 분
명히 다 이야기했어. 그런데 당신이 못 알아들었을 뿐!'이라며 울
분을 토했던 기억 말입니다. 회사 선배와 후배의 다음 대화를 살펴
봅시다.

선배 : 민호 씨. 내일 발표할 PPT 자료 말이야. 과장님이 수정을 좀 하라고
　　　하셨거든. 그런데 내가 지금 외부 미팅 일정이 잡혀서 나가 봐야 해.
　　　수정할 부분을 알려 줄 테니까 좀 고쳐 주었으면 하는데….

후배 : 네! 알겠습니다. 어느 부분을 어떻게 수정하면 될까요?

선배 : 두 번째 슬라이드에서 제품의 장점을 설명하는 부분 있잖아? 너무
　　　우리 입장에서만 어필한 것 같아. 조금 더 고객 입장에서, 고객이 설
　　　득당할 수 있게 만들면 좋겠어. 그러니까… 고객이 보고 '어머! 이건
　　　사야 해!' 라는 느낌이 확 들도록 말이야. 무슨 뜻인지 알겠지?

후배 : 네? '어머, 이건 사야 해!' 라는 느낌…이요…?

선배 : 응, 그런 느낌. 무슨 느낌인지 알지? 나 지금 빨리 나가야 해서. 부탁
　　　해!

　　선배는 최종 결과가 풍겨 주었으면 하는 느낌을 설명합니다. 선
배는 수정 후의 결과에 대해 구체적인 이미지가 머릿속에 그려져
있는 상태입니다. 그렇기 때문에 추상적으로만 설명해도 상대방이
이해할 것이라 생각합니다. 안타깝지만 개떡같이 말해도 찰떡같이
알아들을 것이란 생각은 선배만의 큰 착각입니다. 후배는 선배의
이런 추상적이고 모호한 설명만으로는 어떻게 해야 할지 감을 잡
기 어렵습니다. 후배 입장에서는 다음과 같은 구체적인 내용을 담

은 설명이 필요합니다.

"두 번째 슬라이드 상단에서 제품의 장점을 설명한 부분 말이야. 이런 식의 설명만으로 고객에게는 우리 제품을 사용하면 어떤 점이 좋다는 건지 피부에 와 닿지 않을 수도 있어. 그래서 관점을 우리가 아닌 고객의 입장으로 바꿔서 표현했으면 해. 그러니까, '이 제품을 사용하면 이러한 점을 만족하실 거예요' 라는 느낌으로 말이야.

예를 들면 '완벽한 공기 청정을 위해 하이브리드 필터링 기능을 탑재했습니다' 라는 표현보다 '하이브리드 필터 기능으로, 초미세 먼지와 세균, 곰팡이로부터 여러분들을 안전하게 지켜드립니다' 같은 식으로 수정해 주었으면 해. 다른 기능들도 이런 식의 표현으로 수정하면 좋을 것 같아."

수정할 부분과 방향을 구체적으로 설명하는 것은 매우 중요합니다. 선배의 의도를 후배에게 충분히 잘 전달해야 후배가 정확한 방향으로 일을 처리하기 때문입니다. 그래야 선배도 후배도 만족스러운 결과를 얻습니다. 이처럼 일을 지시하는 사람이 잠깐 시간을 들여 구체적으로 설명해 주면, 일을 지시 받은 사람은 몇 시간 혹은 며칠의 시간을 절약한다는 사실을 꼭 명심하도록 합시다.

# 간결 : 전할 내용을
# 세분하고 간결하게 하기

업무적인 대화를 할 때는 최대한 간결하게 표현하는 것이 좋습니다. 전달하려는 내용이 복잡할 때, 내용을 정리하지 않고 이야기하면 상대방이 이해하지 못하는 것은 당연합니다. '키스(KISS) 원칙'이라는 말이 있습니다. 'Keep It Simple and Short'의 약자입니다. 미국에서는 'Keep It Simple, Stupid'로 사용하며, '바보야! 간단히 해!' 정도로 해석합니다. 모든 면이 간단하고 이해하기 쉬워야 한다는 오래된 비즈니스 원칙입니다.

이는 위대한 연설가들이 지키는 공통적인 원칙이기도 합니다.

진부하거나 과장된 표현, 전문용어 등이 없는 단순한 표현을 사용해야 감동적인 연설을 할 수 있다는 의미입니다. 직장에서 나누는 대화도 마찬가지입니다. 특히 상사에게 보고할 때는 더욱 그렇습니다. 최대한 단순하게 보고해야 합니다.

단순하게 보고하려면 어떻게 해야 할까요? 첫째, 군더더기는 모두 빼는 것이 좋습니다. 중세 철학자인 존 둔스 스코투스John Duns Scotus는 '필요 없이 복잡해서는 안 된다'라고 말했습니다. '난 이렇게까지 상세하게 알거든요'라고 어필해야만 인정받는 것은 아닙니다. 둘째, 전달하고자 하는 내용이 너무 많아서는 안 됩니다. 내용이 많을 때는 내용을 나눠서 보고해야 합니다. 이 두 가지 사항을 종합적으로 적용하려면 어떻게 해야 할까요? 한꺼번에 모든 것을 설명하려 하지 말고, 개요부터 시작해 상사의 반응을 살피면서 세부 내용으로 이어가면 됩니다.

다음에 나오는 내용을 보고해야 한다고 가정합시다. 최대한 심플하게 보고하면서도 쉽게 승인받으려면 어떻게 해야 할까요? KISS 원칙을 활용해 생각해 봅시다.

## KISS 원칙 활용 전

'다음 주에 있을 거래처와의 미팅이 연기되었다. 거래처 부장이 갑작스럽게 출장 일정이 잡혔기 때문이다. 담당자는 부장이 없으면 의사 결정이 되지 않는다고 한다. 거래처에서는 부장의 출장 일정이 끝나기를 기다려야 하기 때문에, 예정되어 있던 미팅을 일주일 연기하자고 하는 것이다. 그런데 그 전에 거래처 담당자와의 의견 조율을 위해 간략하게 담당자와 미팅을 하는 것이 좋을 듯하다. 우리가 사전에 거래처 담당자와 입을 맞춰 놓으면 우리 측의 의견에 힘을 실어 줄 수 있을 것 같다. 예정되어 있던 미팅 시간을 활용해서 사전에 협의하는 시간을 갖자고 제안해 보면 어떨까?'

## KISS 원칙 활용 후

미국 듀크대학교의 앤드류 카튼Andrew Carton 교수는 "사전에 준비해 두면 어떤 상황에서도 나름의 훌륭한 대처가 가능하다"고 말했습니다. 상사와 커뮤니케이션하는 상황에서 이야기를 어떻게 전개하면 좋을지 생각이 복잡해질 때가 있을 것입니다. 그럴 때는 대화

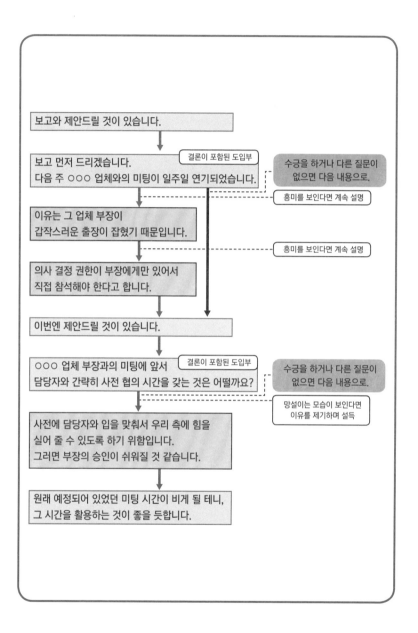

보고와 제안드릴 것이 있습니다.

보고 먼저 드리겠습니다. | 결론이 포함된 도입부
다음 주 ○○○ 업체와의 미팅이 일주일 연기되었습니다.

수긍을 하거나 다른 질문이
없으면 다음 내용으로.

흥미를 보인다면 계속 설명

이유는 그 업체 부장이
갑작스러운 출장이 잡혔기 때문입니다.

흥미를 보인다면 계속 설명

의사 결정 권한이 부장에게만 있어서
직접 참석해야 한다고 합니다.

이번엔 제안드릴 것이 있습니다.

○○○ 업체 부장과의 미팅에 앞서 | 결론이 포함된 도입부
담당자와 간략히 사전 협의 시간을 갖는 것은 어떨까요?

수긍을 하거나 다른 질문이
없으면 다음 내용으로.

망설이는 모습이 보인다면
이유를 제기하며 설득

사전에 담당자와 입을 맞춰서 우리 측에 힘을
실어 줄 수 있도록 하기 위함입니다.
그러면 부장의 승인이 쉬워질 것 같습니다.

원래 예정되어 있었던 미팅 시간이 비게 될 테니,
그 시간을 활용하는 것이 좋을 듯합니다.

하기 전에 지금처럼 잠깐의 시간을 들여 간단하게 시나리오를 생각해 봅시다. 간결하면서도 상사가 원하는 부분만을 세심하게 보고할 것입니다. 상사가 흥미를 갖는 부분만을 부연 설명하기 때문에 전달력도 훨씬 높아질 테고요. 자신감이 생기면서 이야기를 주도할 수 있는 힘 또한 갖게 될 것입니다.

# 시간 : 말을 걸 때도
# 타이밍이 중요하다

상대에게 말을 걸 때는 타이밍이 매우 중요합니다. 로버트 치알디니Robert B. Cialdini는 그의 저서 『초전 설득』에서 "타이밍은 설득의 모든 것이다. 무엇이 아니라 언제 말하느냐가 핵심이다"라고 말합니다.

## 상사의 시간

다음과 같은 경험은 누구나 있을 것입니다.

> 나 : 부장님. 드릴 말씀이 있는데요….
> 부장 : 나 지금 좀 바쁜데, 이따가 이야기해요. 미안!

이런 대화가 오간 뒤에는 부장님의 바쁜 일이 끝나기만을 기다리게 됩니다. 그런데 이 상황보다 더 실망스러운 것은 옆 동료의 이런 말입니다. "부장님이요? 이미 퇴근하셨는데요." 애타게 기다렸건만 그냥 가 버린 부장이 원망스럽기까지 합니다. 더 허탈한 건, 부장은 이따가 이야기하자고 했던 것을 기억하지도 못한다는 사실입니다.

한번은 진행하던 일의 결과가 너무 좋아서 팀장에게 즉시 알리고 싶었습니다. 전날 의도치 않게 팀장 자존심을 건드렸던 일이 있었기에 만회할 좋은 기회라는 생각이 들었죠. 팀장에게 곧장 달려가 이야기를 꺼냈습니다.

> 나 : 팀장님! 드릴 말씀이 있습니다.

팀장 : (얼굴도 보지 않고 모니터만 보며) 나 지금 바쁘니까 나중에 이야기해요.

나 : 팀장님. 어제 일은 죄송했습니다. 그런데 이 소식을 들으시면….

팀장 : (짜증을 내며) 나 5분 뒤에 본부장님과 미팅이라고! 내 일정 좀 미리 파악해 둬요!

관계 회복과 성과 어필이라는 예상은 완전히 빗나가고 말았습니다. 그 이후부터는 상사의 일정을 사전에 꼭 확인했습니다. 그리고 적절한 타이밍에 대화를 요청했죠. 중요한 미팅 전이나 외근 직전의 시간에는 상사도 마음의 여유가 없습니다. 따라서 이런 타이밍에는 대화를 시도하지 않는 것이 좋습니다. 요즘은 스케줄러 시스템을 활용해 일정을 서로 공유하는 것이 쉬워졌습니다. 적극 활용하시길 바랍니다.

만약 스케줄러를 활용하지 않는 상사라면 어떻게 해야 할까요? 전날 저녁이나 당일 아침에 이렇게 말하면 됩니다.

"시간 되실 때 드릴 말씀이 있습니다. 편한 시간에 말씀 부탁드립니다."

이렇게 하면 상사도 나와 이야기할 시간을 염두에 두게 됩니다. 만약에 급하게 전달해야 할 사항이라면, 이 건이 얼마나 중요하고 긴급한지 먼저 어필하면 됩니다. 상사는 중요성과 긴급성 이 두 가지를 고려해 지금 들을 것인가 말 것인가를 판단합니다. 이런 식으로 말하면 됩니다.

"부장님, 잠시 여쭤볼 것이 있습니다. 오늘 중으로 확인하지 않으면 부장님께 드릴 보고서가 늦어질 수도 있어서요. 잠시 시간 괜찮으신가요?"

여기에는 '오늘 중'이라는 말과 '보고서가 늦어진다'라는 긴급성과 중요성의 표현이 모두 포함되어 있습니다. 상사는 이야기를 더 들을 것인지의 여부를 바로 판단할 것입니다.


## 상사의 기분

우리 어머니들은 집에 새로운 전자제품을 들여놓고 싶을 때, 아버지께 언제 이야기를 했을까요?

1) 술 한 잔하고 기분이 좋아서 들어온 날, 2) 무리한 야근으로 지쳐서 들어온 날.

현명한 어머니라면 정답은 당연히 1번일 것입니다. 1번 상황에서는 쿨하게 '예스'라는 대답을 들었겠지만, 2번 상황에서는 '있는 거나 잘 써!'라는 소리를 들었을지도 모릅니다. 이처럼 같은 문제라도 상대의 기분에 따라 예스가 될 수도, 노가 될 수도 있습니다. 직장에서도 마찬가지입니다.

한번은 이런 일이 있었습니다. 동료가 예산 문제로 상사에게 질책당하고 있었습니다. 듣자 하니 무리한 요구를 한 것 같지도 않았는데 말이죠. 이것 또한 타이밍의 문제였습니다. 상사가 실적으로 본부장님께 한바탕 잔소리를 들은 직후였기 때문입니다. 아무리 성숙한 인격의 소유자라도 늘 평정심을 유지하기란 굉장히 힘듭니다. 이럴 땐 상사의 기분이 안정될 때까지 기다리는 것이 좋겠죠.

『손자병법』 '화공편火攻篇'에는 "불을 피우는 데는 적당한 때가 있고. 불을 지르는 데는 적당한 날이 있다"는 말이 나옵니다. 적당한 때란 대기가 건조할 때이고, 적당한 날이란 바람이 일어나는 날을 뜻합니다. 사람의 마음에 불을 붙이는 것도 이처럼 적당한 때가 있습니다. 상대가 불붙기 쉬운 상태라면 작은 자극에도 불타오를 것입니다. 반대로 상대가 불붙기 어려운 상태라면 작은 불씨조차 피우기 어렵습니다.

초나라 왕이 아끼던 신하 가운데 단段이라는 인물이 있었습니다. 그는 집안이 좋은 것도 아니고 큰 공을 세우지도 않았지만 매우 높은 지위에 올랐습니다. 어느 날 그는 강을江乙이라는 자에게 조언을 듣습니다. "당신은 지금 권세를 누리고 있지만, 만약 왕의 감정이 변하면 권세는 더 이상 존재하지 않을 것이오. 그러니 왕에게 가서 왕이 죽으면 함께 죽겠다는 뜻을 내비치시오. 그러면 초나라에서 지위가 더욱 굳어질 것입니다." 그런데 그는 3년이 지나도록 강을의 조언대로 이행하지 않았습니다. 이에 강을은 대놓고 불만을 터뜨리며 물었습니다. 그러자 단은 이렇게 말했습니다. "어찌 그 말을 잊었겠소? 다만 좋은 때가 오지 않았을 뿐이오."

그로부터 얼마 후 왕의 기분이 매우 좋을 때였습니다. 왕이 말했습니다. "즐겁구나. 그러나 천년만년 이렇게 즐겁지만은 않겠지." 이때 단은 옆에서 눈물을 흘리며 말했습니다. "천년만년 후라도 왕을 곁에서 모시며 충성을 다하겠습니다." 왕은 매우 감격하며 상을 내렸다고 합니다.

스페인 말라가대학교 심리학과의 나탈리오 엑스트레메라Natalio Extremera 교수는 "자신의 감정 상태를 확실히 아는 것이야말로 인생을 현명하게 살아가는 최고의 비결이다"라고 말했습니다. 여기에 덧붙여 이렇게 말하고 싶습니다. '직장 생활을 할 때는 자신의 감정 상태뿐 아니라 상대의 감정 상태도 파악하는 것이 좋습니다. 그것이 직장 생활을 현명하게 하는 비결입니다.' 상사의 기분을 살피는 것은 생각보다 중요합니다. 제안을 하거나, 승인을 받아야 할 때는 더욱 그렇습니다. 상사의 기분이 어떤가에 따라 대답이 달라질 수도 있기 때문입니다. 예스를 듣기 위해서는 상사의 기분을 살피고 나의 행동 전략을 유연하게 바꾸는 것이 좋습니다.

# 경청 : 듣는 기술을 끌어올리는 방법

## 적극적 경청

상대방의 의도를 정확히 파악하기 위해서는 확실하게 들어야 합니다. 경청이 중요하다는 것은 누구나 아는 사실입니다. 그렇다면 그냥 귀만 기울이면 경청이 잘 되는 것일까요? 경청에도 기술이 있습니다. 수동적으로 듣는 것이 아닌 '적극적 경청'이 필요합니다. 적극적 경청은 비지시적 카운슬링 이론의 창시자인 칼 로저스Rogers, C.가 제안한 방식입니다. 공감적 경청이라고도 하며, 커뮤니케이션에서 청취 태도에 관한 사고방식을 뜻합니다.

적극적 경청을 하려면 어떻게 해야 할까요? 첫 번째 방법은 상대의 이야기를 있는 그대로 받아들이는 태도를 갖는 것입니다. 가령 상대의 변명을 비판하지 않고 끝까지 받아들이면, 상대는 나를 고민을 공유하기 쉬운 사람이라고 느낍니다. 그렇기에 깊은 관계를 갖고 싶어 하고 곧 신뢰를 느끼게 됩니다. 만약 상대가 마음을 열지 않은 채 이야기한다는 생각이 들면, 표면적인 말들만 오가게 되어 의견이 겉돌기 쉽습니다.

사실 누군가에게 처음부터 마음을 열기란 쉽지 않습니다. 직장에서의 곤란한 일이나 속 깊은 이야기를 꺼내면, 상대는 '이 사람은 문제가 많다'거나 '업무 능력이 떨어진다'라고 판단할 것 같은 두려움이 생기기 때문입니다. 그런 생각이 들 때 사람들은 변명을 늘어 놓게 됩니다. 이때 이야기를 잘 들어 주는 것만으로도 상대는 편안함을 느낍니다. 이런 편안함이 쌓이다 보면 스스럼없이 말할 수 있는 신뢰 관계로 발전합니다. 단, 들은 것을 남에게 전달하지 않아야 한다는 전제 아래 말입니다.

미국의 화장품 회사 메리케이의 창립자인 메리 케이 애시 Mary Kay Ash는 "충분히 오래 들으면 상대방은 대개 좋은 해결책을 알려 주게 마련이다"라고 말했습니다. 저 또한 들어 주는 것만으로도 동료들의 업무에서 불편한 점을 알게 되었습니다. 그리고 그것들을 해결하면서 업무적으로 인정도 받았습니다. 작게는 회사 간식과 관련된 예산을 확보하는 것부터, 크게는 기존의 시스템을 변경하는 것까지였습니다. 제가 할 수 있는 것은 최대한 제가 했고, 상사의 승인이나 타 부서의 손길이 필요한 것은 도움을 요청했습니다. 차차 기존과는 다른 변화가 눈에 보였고 그것은 업무 성과로 이어졌습니다.

적극적 경청을 위한 두 번째는 '수긍하고 반복하며 바꿔서 말하는 방법'입니다. 로마제국의 16대 황제인 마르쿠스 아우렐리우스 Marcus Aurelius Antoninus는 "다른 사람의 말을 신중하게 듣는 습관을 길러라. 그리고 될 수 있는 한 말하는 사람의 마음속으로 빠져들도록 하라"고 말했습니다. 말하는 사람의 마음속으로 들어가기 위해서는 상대가 계속 말하고 싶도록 만들어야 합니다. '수긍하기, 반복하기, 바꿔 말하기'를 잘 활용하면 상대는 이야기를 계속하고 싶어 할 것입니다.

## 1. 수긍하기

상대의 이야기에 맞춰 '그렇군요', '정말요?' 등과 같은 추임새를 넣는 것입니다. 이런 추임새를 보이면 상대는 '내 이야기를 잘 들고 있구나' 하는 생각에 안심합니다. 단, 동의의 느낌이 없을 때는 굳이 사용하지 않는 것이 좋습니다.

A : 그건 내 의도가 아니었어요. 그 사람의 오해였어요.

B : 아, 그랬군요.

## 2. 반복하기

상대의 이야기에 '~라는 거군요'라는 느낌으로 맞장구치는 방법입니다. '수긍하기'보다 효과가 높습니다. 좀 더 적극적으로 보일 테니까요. '당신의 말이 이게 맞죠?'라는 느낌으로 맞장구치면 됩니다. 단, 너무 과용하면 대화의 리듬을 깰 수 있으니 주의하는 것이 좋습니다. 상대의 이야기 가운데 중요한 순간이라고 느끼는 부분에 사용하면 매우 효과적입니다.

A : 나는 빨리 처리하려고 했는데… 그때 하필 전산이 갑자기 멈춘 거예요.

B : 에구, 하필 그때 전산이 멈춰버렸군요!

## 3. 바꿔 말하기

상대의 말을 다른 표현으로 바꿔 말하는 것입니다. 상대의 이야기를 잘 듣고 있다는 느낌을 심어줄 수 있습니다.

A : 퇴근했는데도 상사가 계속 톡으로 메시지를 보내서 짜증 났어요.

B : 퇴근 후에도 일이 계속되는 느낌이었겠어요.

## 답변 예상해 놓기

상대에게 질문하고 답을 들을 때도 효과적으로 듣는 방법이 있습니다. 상대의 대답을 미리 유추해 보는 것입니다. 나의 질문에 대답해 주는 것은 그 사람의 시간을 나를 위해 쓰고 있다는 뜻입니다. 따라서 가능한 짧은 시간에 제대로 이해하도록 해야 합니다.

질문을 하기 전에 '나라면 이렇게 대답할 것 같아' 하고 미리 예상해 보는 것도 좋습니다. 대답을 예상해 놓으면, 내 생각과 대답이 일치할 경우 대답을 별도로 이해하는 시간을 줄입니다. 만약 내 생각과 대답이 일치하지 않더라도 다른 방향의 의견을 유연하게 받아들이는 상태가 될 것입니다. 질문을 했을 때 그 자리에서 답변해 주는 상대도 있지만, '당신 생각은 어때요?' 하고 되물어 보는 경우도 있습니다. 이때도 당황하지 않고 대화를 이어갈 수 있습니다.

상대의 대답을 예상할 때는 단순하게 생각하는 것보다 다각도로 예상해 보는 것이 좋습니다. 5W 2H를 활용해서 생각해 보면 도움이 될 것입니다.

| 5W 2H | 질문 | 예상 |
|---|---|---|
| Who | 누가 할까? | 담당자, 책임자는 누가 될 것인가? |
| When | 언제 할까? | ~까지 하면 될 것 같다/ ~까지 하기 어려운 사유 |
| Where | 어디서 할까? | 담당 부서는?/ 적합한 장소는? |
| What | 무엇을 할까? | 일의 목적은 무엇인가? |
| Why | 왜 할까? | 목적의 배경은 무엇인가? |
| How | 어떤 방식으로 할까? | 방법, 수단에는 어떤 것이 있을까? |
| How much | 얼마나 필요한가? | 수량 예측/ 필요 예산 예측 |

할 질문을 미리 예상해 놓으면, 상대의 반응에 따라 내가 다음 액션을 재빠르게 취할 수 있다는 장점도 있습니다.

〈질문〉○○ 건에 대해 궁금한 것이 있습니다. 의견을 여쭤 봐도 될까요?

# 상대의 반응에 따른 대처 방법

〈상대의 반응〉

| | | |
|---|---|---|
| "이미 대안을 생각해 두었어요." ▶ | 상대의 의견을 확인한다. ▶ | 본인 생각과 비교해서 의문점을 확실하게 해 둔다. |
| "당신 생각은 어떤가요?" ▶ | 본인의 의견을 말한다. ▶ | 상대방이 제시한 수정 사항을 적용한다. |
| "미안하지만, 지금은 바빠서요." ▶ | 다음 기회를 노린다. | |

# 6

# 인생 전반을 위한 생각 정리

# 목표를 달성하는 확실한 방법

## 목표의 시각화

목표를 달성하는 확실한 방법은 목표를 시각화하는 것입니다. 목표를 시각화하려면 어떻게 해야 할까요? 가장 쉬운 방법은 눈에 보이도록 노트에 기록하는 것입니다. 1953년 미국 예일대학교에서는 졸업생을 대상으로 다음과 같은 질문을 했습니다. "인생 목표와 그 목표를 이루기 위한 계획이 적힌 종이를 갖고 있나요?" 단지 3퍼센트에 해당하는 학생들만이 '그렇다'라고 답했습니다.

20년이 흐른 1973년, 예일대에서는 흥미로운 조사를 했습니다. 20년 전에 '그렇다'고 대답한 학생들과 그렇지 않은 학생들의 현재를 조사한 것입니다. 결과는 어땠을까요? 구체적인 목표와 계획이 적힌 종이를 갖고 있었던 3퍼센트의 졸업생들이 나머지 97퍼센트의 졸업생보다 부와 사회적 지위를 훨씬 더 많이 누리고 있다는 사실을 알게 되었습니다. 또 훨씬 더 충만하고 행복한 감정을 느끼면서 살고 있다는 점 또한 발견했습니다.

1979년 하버드대학교 경영대학원에서도 비슷한 조사를 했습니다. 전체 학생들 가운데 3퍼센트는 뚜렷한 목표와 이를 달성하기 위한 구체적인 계획을 기록한 자료를 갖고 있었습니다. 13퍼센트는 뚜렷한 목표가 있었지만 굳이 기록하지 않았습니다. 나머지 84퍼센트는 목표조차 설정하지 않았습니다. 10년이 흐른 1989년 이들을 대상으로 한 연구 결과는 어땠을까요? 목표가 뚜렷했던 13퍼센트 학생들은 목표가 없었던 84퍼센트 학생들보다 수입이 대략 두 배가량 되었습니다. 더욱 놀라운 것은 구체적인 목표를 기록해 두었던 3퍼센트 학생들은 나머지 97퍼센트 학생들에 비해 평균 열 배에 달하는 수입을 올린다는 사실이었습니다.

1980년 2월 손정의가 유니슨 월드를 차릴 때였습니다. 직원이라고는 고작 아르바이트생 두 명이 전부였고, 이들에게 월급도 제대로 주지 못하는 처지였습니다. 그러나 그는 종이에 다음과 같이 적고 이를 선언했습니다. "나는 우리 회사를 5년 안에 100억 엔, 10년 안에 500억 엔, 그 뒤로는 수조 엔대 규모의 자산 가치를 지닌 기업으로 성장시킬 것이다." 결국 그는 일본 최대 소프트웨어 유통 회사이자 IT 투자 기업인 소프트뱅크사를 설립하면서 세계적인 IT 재벌로 부상했습니다.

억만장자 사업가인 테드 레온시스는 "목표를 글로 적으면 그것이 인생의 지도가 됩니다. 머릿속으로 생각만 할 때는 거대하게 느껴지던 목표가 글로 옮기면 좀 더 간단해 보입니다. 또 이미 달성한 목표를 종이에서 하나씩 지워 가는 것만큼 만족스러운 일도 없습니다"라고 말합니다.

내가 바라는 미래의 내 모습, 즉 목표를 설정하고 그것을 이룬 내 모습을 떠올려 봅시다. 목표를 이루어 행복하고 즐거운 삶을 살고 있는 내 모습을 이미지화하는 것입니다. 그 모습을 글로 적은 후, 이를 실현하기 위해 구체적인 실천 계획을 표로 만들어 채워 넣읍시다. 이렇게 하면 행동은 저절로 뒤따르는 강력한 힘을 얻을 것입니다. 그리고 머지않아 그 꿈을 이룬 내 모습과 마주할 것입니다.

## 목표를 설정할 때 중요한 세 가지

목표를 설정할 때 중요한 첫 번째는, 목표가 구체적이고 측정 가능해야 한다는 것입니다. 막연히 '건물주 되기'와 같은 목표는 너무 추상적입니다. '5년 안에 한 해 수입을 1억 원으로 만들기'처럼 목표를 구체적으로 정해야 합니다. 목표가 구체적이어야 목표를 향해 무엇을 할지가 명확해집니다. 명확한 실천 계획만이 그것을 행동으로 옮기게 하는 강력한 힘을 발휘할 테고요. 목표는 내가 가진 한정된 자원을 극대화하게 해 줍니다. 목표가 명확히 설정되어야 나에게 있는 유한한 자원을 효과적으로 활용해 성과를 최대한으로 낼 수 있습니다. 제대로 된 목표와 구체적인 계획이 가진 힘은 매우 큽니다. 자발적으로 도전하게 만들고 일의 의욕이 높아지게 하는 동기 부여의 원천이 되기 때문입니다.

목표를 설정할 때 중요한 두 번째는, 좋은 목표라도 부정적으로 표현하지 않는 것입니다. 예를 들어 출근할 때 매일 지각을 한다고 가정해 봅시다. 지각을 하지 않는 것을 목표로 하고 싶다면 어떻게 표현하는 것이 좋을까요? '내일부터 지각하지 않기' 이런 식으로 표현하지 않는 것이 좋습니다. 이럴 때는 '8시 30분까지 출근하기'와 같은 표현으로 바꾸면 됩니다.

목표를 설정할 때 중요한 세 번째는, 장기적인 목표를 설정하는 것입니다. 직장인 대부분은 인생 전반의 목표, 즉 장기적인 목표보다 단기적인 목표에만 연연해하는 경향이 있습니다. 당장 눈앞에 해야 할 일이 많기 때문에 눈에 보이는 것들을 우선하는 현실 탓도 있습니다. 직장인들은 대체로 직장 생활이 행복하지 않다고 말합니다. 이는 인생의 목적과 목표가 명확하지 않고 단기적인 목표에만 집착한 나머지 장기적인 목표를 간과했기 때문입니다.

많은 직장인이 '공부를 잘하면 좋은 대학 가고, 좋은 대학을 졸업하면 좋은 직장을 다닐 수 있다'는 단기적 목표만을 설정했습니다. 그런데 과연 이 목표를 달성하고 진정한 행복을 느끼며 생활하는 직장인이 얼마나 될까요? 제가 본 직장인 대부분은 '자아실현'보다 '생계유지'를 위해 영혼 없이 출퇴근을 반복하는 모습이었습니다. 눈앞의 목표만이 아닌 5년, 10년 뒤의 내 모습을 떠올리고 진정으로 원하는 내 모습을 목표로 삼아 봅시다. 목표를 정하고 하나하나 이루어 나가면서 나의 영혼이 살아 숨 쉬는 것을 느끼게 될 것입니다.

대부분의 사람은 성공을 원합니다. 하지만 성공은 특별한 누군가에게만 주어지는 것이라고 생각합니다. 세계적인 문학가인 괴테는 이렇게 말했습니다. "자신을 현재 모습대로 평가하면 당신은 현재 모습 그대로 남는다. 자신을 앞으로 될 수 있고 또 되어야 하는 모습으로 대하면 당신은 그런 사람으로 성장한다." 바쁜 현실 속에서 내가 되고 싶었던 모습을 잊고 있었다면, 이제는 그 모습을 찾아보는 것은 어떨까요? 내가 되어야 할 모습을 떠올립시다. 그리고 정성스럽게 대해 줍시다. 내가 떠올린 나의 모습은 수년 후 현실이 되어 나에게 나타날 것입니다.

# 진정으로 원하는 것은
# 무엇인가?

## 갭GAP 분석

직장 생활을 하면서 우리가 진정으로 원하는 것은 무엇일까요? 바로 대답할 수 있겠다고요? '워라벨'과 높은 연봉이라고. 하지만 그건 너무 이상적입니다. 현재에 만족하지는 않지만 현실과 타협하며 참고 다니는 것이 대부분의 현실 아닐까요? 직장인인 소라 씨의 경우도 그랬습니다.

"일하는 것이 괴롭게 느껴져요. 처음의 열정은 온데간데없고, 지금은 영혼이 1그램도 없이 일하는 것 같습니다. 무거운 몸과 마음을 이끌고 출근을 하면 뭔가 어수선하고 집중도 되지 않고…. 마음 터놓을 동료를 찾지 못해 외롭기도 하고요. 게다가 팀장님은 꼰대라 저랑은 대화 자체가 통하지 않아요. 물론 저의 소통 방식에도 문제가 있겠지만요. 퇴근하고 집에 오면 너무 피곤합니다. 주말 내내 쉬어도 피곤한 것은 마찬가지더라고요. 어렵게 입사한 회사인데 그만둘 수도 없고…."

언제까지 이렇게 영혼 없이 회사를 다녀야 할까요? 이런 몸과 마음 상태로 업무 성과는 제대로 나올 수 있을까요? 그저 큰 트러블 없이 일하고 월급이나 타자는 마음으로 버티기를 계속해야 할까요? 그러기엔 우리의 청춘이, 우리의 뜨거운 마음이 아깝게만 느껴집니다. 이왕 직장을 다니려면 내가 원하는 이상적인 모습으로 다니자고요. 그럼 이제 소라 씨가 바라는 이상적인 직장 생활에 대해 들어 보도록 합시다.

"업무로 인한 성취감을 느끼고 싶습니다. 일에 대한 열정도 다시 찾고 싶고요. 영혼을 담아 일하고 싶네요. 업무를 빠르게 처리해서 칼퇴도 하고 싶고요. 아! 진심으로 소통할 수 있는 동료도 있으면 좋겠네요. 무엇보다 지금보다 즐겁게 출근할 마음이 생기면 좋겠어요."

자, 그럼 이제 생각을 정리할 시간입니다. 이 문제를 해결하기 위해 '갭GAP 분석'이라는 툴을 소개합니다. 갭 분석은 문제 해결을 위한 기법 중에 하나입니다. 문제를 정확하게 파악해야 문제를 효과적으로 해결한다는 사실은 이제 여러분도 잘 아실 테죠. 갭 분석은 현재 상태As is와 이상적인 모습To be 사이의 차이를 찾아내는 방법입니다. 이제, 소라 씨의 현재 상태와 이상적인 모습을 정리해 볼까요? 그 사이에 있는 차이가 바로 GAP입니다.

GAP = 문제

**To be**
업무로 인한 성취감을 느끼고 싶다.
일에 열정을 담고 싶다.
신속한 업무 처리와 칼퇴를 원한다.
진정으로 소통할 수 있는 동료가 있으면 한다.
즐거운 마음으로 출근하고 싶다.

**As is**
일하는 것이 괴롭다. 열정이 식었다.
사무실이 어수선하고 집중이 안 된다.
동료와 업무적으로만 소통한다.
상사와의 커뮤니케이션에 서툴다.
만성 피로 때문에 늘 힘들다.

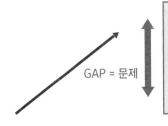

**To be**
업무로 인한 성취감을 느끼고 싶다.
일에 열정을 담고 싶다.
신속한 업무 처리와 칼퇴를 원한다.
진정으로 소통할 수 있는 동료가 있으면 한다.
즐거운 마음으로 출근하고 싶다.

GAP = 문제

**As is**
일하는 것이 괴롭다. 열정이
식었다.
사무실이 어수선하고 집중이
안 된다.
동료와 업무적으로만 소통한다.
상사와의 커뮤니케이션에 서툴다.
만성 피로 때문에 늘 힘들다.

**Action**
업무 목표를 다시 설정해 본다.
생각 정리 툴을 활용해 업무를 한다.
오프라인에서 교류할 기회를 만든다.(점심 약속, 티
타임 등)
커뮤니케이션 스킬 향상을 위한 독서 또는 교육을
듣고 실습해 본다.
로직 트리를 활용해 만성 피로의 원인을 분석해 본다.

갭을 파악한 뒤에는 현재 상태를 이상적인 모습으로 만들기 위한 대책을 생각해 내면 됩니다. 즉, 문제 해결을 위해 필요한 액션을 찾아내는 것이죠. 그것이 지금 필요한 과제입니다. 그 과제를 해결함으로써 이루고 싶은 이상적인 모습에 다가서게 하는 것입니다.

소라 씨는 마음이 한결 가벼워졌습니다. 현재 모습에서 벗어나 이상적인 모습을 향해 가려면 어떤 액션을 취해야 할지 구체적인 액션 가이드를 얻게 되었으니까요. 여러분들도 꼭 직장 생활에서만이 아니라, 삶의 궁극적인 목표와 이상적인 모습을 떠올려 기록해 보세요. 현재 모습과의 차이를 분석하면, 어떤 액션을 취해야 할지 구체적인 해답이 떠오를 것입니다. 액션을 취해 차이를 줄여 나간다면, 여러분의 미래는 크게 달라져 있을 것입니다.

## 커리어 앵커

여러분은 어렸을 적 꿈꾸던 직업을 갖고 있나요? 레오 리오니의 그림 동화 『매튜의 꿈』에는 주인공인 생쥐 매튜의 꿈에 대한 이야기가 나옵니다. 매튜는 부모에게 "너는 무엇이 되고 싶니?"라는 질문을 받고, 온 세상을 다 보는 것이 꿈이라고 대답하죠. 펼쳐져 있는 책의 왼쪽에는 부모가 생각하는 꿈인 훌륭한 의사가 그려져 있습니다. 오른쪽에는 매튜가 하늘을 날며 세상을 구경하는 모습이 그려져 있고요. 우리의 모습과 비슷하기도 합니다. 그러던 어느 날 매튜는 온 세상을 만날 계기가 생깁니다. 친구들과 방문한 미술관에 서였죠. 여러 나라와 여러 시대의 그림들을 보며 세상을 공부하게 된 것입니다. 그리고 그 감동으로 화가가 되기로 결심하고 그 꿈을 이룹니다. 여러분도 매튜처럼 진정으로 원하는 꿈을 이루었나요?

　13세 이상을 대상으로 한 2017년 통계청 사회 조사에 따르면 직업 선택 시 중요하게 생각하는 요인으로 39.1퍼센트가 수입을 꼽았습니다. 안정성이 27.1퍼센트, 적성과 흥미는 17.1퍼센트로 나타났습니다. 많은 사람이 고소득 연봉자를 부러워합니다. 그들의 모습은 어떨까요? 다 하는 만큼 버는 것이고, 그만큼 부림을 당하는 것이라며 농담 반 진담 반으로 이야기합니다. 돈 때문에 어쩔 수 없이 다닌다는 이야기를 제일 많이 하고요. 일하면서 행복하다고 이야기하는 사람을 그다지 보지 못했습니다.

2010년 글로벌 컨설팅 기업 타워스 왓슨이 내놓은 '글로벌 인적 자원 보고서'에 따른 결과도 씁쓸합니다. 우리나라 직장인 가운데 어쩔 수 없이 회사를 다니거나 자신의 업무에 몰입하지 않는 직장인의 비율이 전체의 48퍼센트에 해당한다는 것입니다. 이는 전체 직장인의 절반 정도가 영혼 없는 상태로 회사를 다닌다는 의미입니다. 또한 자신의 회사를 위해 어느 정도 에너지를 투자하는가에 대한 '회사의 자발적 충성도'에서는 고작 6퍼센트만이 그렇다고 대답했습니다. 조사 대상 국가의 최하위 수준이라고 합니다.

물론 매튜처럼 원하는 꿈을 이룬 사람도 분명히 있을 것입니다. 혹은 원하던 일은 아니었지만 막상 해 보니 의외로 적성에 맞는 일을 찾은 사람도 있을 테고요. 대부분이 그렇다면 정말 다행스러운 일입니다. 그러나 현실은 어떤가요? 대학 간판을 위해 원치도 않는 전공을 선택하거나 전공과는 무관한 분야로 취업하는 경우도 쉽게 봅니다. 그러다 보니 일하면서 행복하길 바라는 것은 욕심이 되고 말았습니다.

요즘은 직장에서 정년까지 책임져 주지 않는 것이 현실입니다. 대학생 때는 취업만 하면 모든 게 좋아질 것이라고 생각했습니다. 그러나 나이가 많아지면서, 직급이 높아지면서 제2의 인생을 위한 준비를 또 해야만 하는 것이 현실입니다. 아직 나이가 많지 않다면 일하면서 보람을 느낄 수 있는 일을 찾기 위해, 나이가 많다면 제2의 인생을 위해, 이제부터라도 진정으로 원하는 일을 찾아보는 것이 좋지 않을까요?

내가 중요시하는 가치관과 욕구를 반영하는 일을 할 수 있다면 어떨까요? 내가 무엇을 중요시하면서 일하는지, 절대로 양보할 수 없는 일은 무엇인지 등을 충분히 고려한다면 말이죠. 이때 도움을 받을 수 있는 툴이 에드거 샤인Edgar Schein이 주장한 '커리어 앵커Career Anchor'입니다. '경력 닻'이라고 부르기도 합니다. 배가 닻 주위에 정박한 것처럼 사람도 자신의 자아에 닻을 내려서 특정한 역할을 추구하는 경향이 있다는 개념입니다. 직업을 선택할 때 자신이 끝까지 포기할 수 없는 관심사를 안다면, 진정으로 원하는 일에 한 걸음 더 다가갈 수 있지 않을까요? 경력 개발에 결정적 영향을 미치는 동기나 가치를 미리 발견할 수도 있을 테고요.

에드거 샤인은 커리어 앵커를 여덟 개의 영역으로 분류했습니다. 무엇을 기준으로 일을 하는지, 중요시하는 일은 무엇인지, 절대 양보할 수 없는 것은 무엇인지 등을 생각하도록 한 것입니다. '자율성/독립형'이었던 제 동료는 보수적이고 수직적인 분위기의 회사에서 무척 힘들어했습니다. 창의적인 아이디어를 잘 내던 그녀도 회사에서는 별 성과를 내지 못했습니다. 상사와의 트러블도 심했고요. 결국 퇴사한 뒤 프리랜서로 전향해 자유롭게 일하는 방식을 택했습니다. 초반에는 안정적이지 않고 수입도 적었지만 자유로운 분위기의 만족감은 컸습니다. 그 만족감이 결국 성과로 이어지는 것을 지켜봤습니다. 그녀는 업계에서 꽤 인정받게 되었고요. 여러분은 어느 영역에서 날개를 달고 싶으신가요?

커리어 앵커 내용을 살펴보면서 내가 진정으로 추구하는 것은 무엇인지를 생각해 보시기 바랍니다. 그리고 하나 더! 사람은 자신이 하고 싶은 일Will, 할 수 있는 일Can, 해야 하는 일Must의 세 가지가 충족될 때 가장 큰 성취감을 느낍니다. 미래의 성공은 내가 하고자 하는 일을 얼마나 잘 실현할 수 있는가에 달려 있습니다. 또 내가 하고자 하는 일이 내가 추구하는 가치와 일치할 때 행복감도 더 커진다는 것을 꼭 기억하시기 바랍니다.

| 커리어 앵커 | 내용 |
|---|---|
| 전문가형 | 자신이 잘할 수 있는 특정 분야에서 전문적 능력을 발휘하길 원함. |
| | 내적 만족 : 자신의 전문성을 바탕으로 경력이 쌓일 때 강함. |
| 리더십 추구형 | 총괄 관리자 희망. 조직을 효율적으로 관리하여 조직의 성장에 기여하길 원함. |
| | 내적 만족 : 높은 책임감, 지도자로서 조직 발전에 기여할 때 강함. |
| 안전/안정성 추구형 | 공무원 희망. 변화를 좋아하지 않고 안정적, 지속적으로 조직에 소속되길 원함. |
| | 내적 동기 : 소속된 조직과 일치감을 느낄 때 강함, 안정적으로 경력이 쌓일 때 강함. |
| 사업가형 | 경제력 추구. 자기 자신의 일과 사업 원함. 창의적 욕구가 강하며 경제적 욕구와 일치. |
| | 내적 동기 : 창의력을 바탕으로 사업 능력을 인정받을 때 강함. |
| 자율형/독립형 | 조직에 구속되지 않고 자신의 역량과 페이스로 일하길 원함. 규칙이나 구속을 회피. |
| | 내적 만족 : 자율적으로 일을 할 때, 조직 내에서 개인의 자율을 중요시해 줄 때 강함. |
| 봉사/헌신형 | 일을 통해 사회와 타인의 삶에 공헌하고자 함. 가치관 실현에 중점을 두길 원함. |
| | 내적 동기 : 헌신적 성향의 일을 진행할 때, 더 나은 세상을 실현하고자 할 때 강함. |
| 삶의 질 추구형 | 사회와 가정, 자아 실현이 균형을 이루길 원함. |
| | 내적 동기 : 워라벨이 실현될 때 강함. |
| 도전 쟁취형 | 어려운 문제를 해결하거나 경쟁에서 이기길 원함. 도전적 성향이 강한 일을 즐김 |
| | 내적 동기 : 불가능한 것을 극복할 때, 고도의 전략적 업무를 수행할 때 강함. |

● Will/Can/Must로 커리어를 생각해 봅시다.

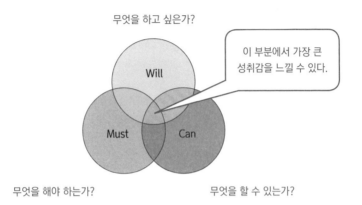

무엇을 하고 싶은가?

Will

이 부분에서 가장 큰
성취감을 느낄 수 있다.

Must

Can

무엇을 해야 하는가?

무엇을 할 수 있는가?

# 생각 정리를
# 습관화하려면

**스몰 스텝**

생각을 정리하는 것이 습관화되면 일을 효과적으로 하게 됨은 분명합니다. 그러나 지금까지 닥치는 대로 일하며 살아 왔는데 하루아침에 습관을 바꾸기란 정말 어려운 일입니다. 이럴 때는 처음부터 욕심을 내지 말고 '조금씩 꾸준히' 변화를 시도하면 됩니다.

UCLA 의과대학과 워싱턴대학교 의과대학 교수로 수십 년 재직하며 성공에 대해 연구한 로버트 마우어Robert Maurer는 그의 저서

『아주 작은 반복의 힘』에서 이렇게 말합니다. "큰일을 해내는 유일한 방법은 아주 작은 일의 반복이다." 여기서 말하는 아주 작은 일은 생각보다 더 작은 일이라 웃음이 나기도 합니다. 일주일에 30분조차 운동을 하지 않은 사람이 다이어트를 위해 갑작스럽게 하루한 시간씩 운동하는 것이 쉬울까요? 그는 이런 사람들에게 하루에 1분만 하는 운동으로 시작하라고 권합니다. 그것도 TV를 보면서하라고 말이죠. 그는 이런 식으로 아주 작게 시작하고 반복하라는 '스몰 스텝 전략'을 제시합니다.

로버트 마우어가 스몰 스텝을 권하는 근거는 이렇습니다. 우리 뇌는 갑작스러운 변화를 무척 싫어합니다. 그렇기에 상황이나 환경이 갑자기 변하는 것을 뇌는 생존의 위협으로 받아들인다는 것입니다. 그렇기에 변화가 급작스러울수록 우리 뇌의 저항 또한 강해진다고 합니다. 따라서 변화를 위해서는 뇌를 속일 필요가 있다고 말합니다. 바로 뇌가 변화라는 것을 인지할 수 없도록 아주 작고 가볍게 시작하라고 말입니다.

생각 정리의 습관화도 그렇게 시작하면 될 것 같습니다. 갑작스럽게 생각 정리 도구들을 모두 활용하려고 욕심내면 뇌가 생존하기 위해 발버둥 칠 것입니다. 여유를 가지고 하나씩 천천히 연습하면서 자신의 것으로 가져갔으면 합니다. 아주 작은 행동으로 먼저 성취감을 느끼세요. 그것을 반복하면 됩니다. 그럼 그것이 습관이 되고, 그 습관들이 모이면 행동의 변화가 이루어집니다. 그 성취감을 또 느끼세요. 그것이 반복되면 결국 큰 성과 또한 낼 것입니다.


## 회복 탄력성

회복 탄력성은 실패를 발판으로 삼아 더 높이 뛰어오르는 마음의 힘을 뜻합니다. 평소 자신을 실패자라고 생각하는 사람은 실패를 다시 경험하면 주저앉고 맙니다. 이들은 시작도 하기 전에 모든 일이 문제없이 술술 풀릴 것이라는 보장을 받고 싶어 합니다. 반면에 성공하는 사람들은 이 세상에 성공을 보장하는 일은 없다는 사실을 알기에 위험 부담을 얼마든지 감수하려고 합니다. 성공하는 사람들은 실패를 많이 해도 오뚝이처럼 금세 다시 일어나곤 합니다. 한 번의 실패로 자신의 가치를 깎아내리지 않기 때문입니다. 이들은 역경에 부딪혀도 원래 있던 위치보다 더 높은 곳까지 올라갈 수 있습니다. 물체마다 탄성이 다른 것처럼 사람도 저마다 탄성이 다릅니다.

챔피언이 된 사람들과 재능은 충분하지만 챔피언이 되지 못한 사람들의 가장 큰 차이점은 무엇일까요? 바로 실망스러운 결과를 딛고 다시 일어서는 힘이 있는가입니다. 챔피언이 되려면 자신의 실수와 그에 따른 실패를 용납할 수 있어야 합니다. 또한 목표를 달성하기 위해 자신의 가치를 인정하고, 설령 실패한다고 해도 좌절하지 않는 평정심이 있어야 합니다. 생각 정리 방법을 내 것으로 소화하는 것도 마찬가지입니다. 익숙해지기까지 연습이 필요할 것입니다. 설령 어려운 순간이 찾아오더라도 실패를 인정하면서 나의 가치를 스스로 규정해 버리지 마세요. 나에게는 다시 튀어 오를 수 있는 힘이 있다고 믿으셨으면 합니다.

미국의 한 대형 종합병원에서 내과 의사 44명을 대상으로 흥미로운 연구를 진행했습니다. 의사들을 두 개의 그룹으로 나눠, 한 그룹에는 감사의 표시로 작은 사탕 한 봉지씩을 주었고, 다른 그룹에는 사탕을 주지 않았습니다. 그리고 사탕과는 무관한 창의성 테스트를 진행했습니다. 결과는 어땠을까요? 사탕을 받은 의사들이 사탕을 받지 않은 의사들보다 더 높은 점수를 받았습니다. 게다가 의사 본연의 업무 능력에도 영향을 미친다는 사실을 발견했습니다. 사탕을 받고 긍정적 정서를 경험한 의사들의 성과가 더 좋게 나타난 것입니다. 비록 작은 사탕 한 봉지였지만 이것이 주는 긍정적 효과는 매우 컸음을 보여 주는 결과입니다.

연세대학교 김주환 교수는 그의 저서 『회복 탄력성』에서 "회복 탄력성을 높이려면 내 삶에서 일어나는 모든 사건들을 보다 더 긍정적으로 받아들이는 뇌가 필요하다"고 말합니다. 그러면서 "나에게 일어나는 크고 작은 고민거리나 어려운 일들을 순간순간 긍정적으로 받아들이고 대처할 수 있는 습관을 들여야 한다"고 했습니다. 자신의 강점을 발견하고 일상에서 그 강점을 수행하게 한 사람들을 대상으로 연구한 결과, 훈련 직후에는 결과가 미미했지만 1개월 후에는 긍정적 정서가 유의미하게 커졌다고 합니다. 6개월 후에도 효과가 유지되었고요.

몸의 근육을 키우려면 시간이 어느 정도 필요한 것처럼, 우리의 마음 근력을 키울 때도 훈련이 필요합니다. 회복 탄력성을 높이려면 스스로 연습해야 합니다. 중요한 순간에 나 스스로에게 작은 사탕을 주는 것은 어떨까요? 긍정적 정서를 불러일으킬 수 있도록 말이죠. 업무 성과가 뛰어나고 인간관계도 원만한, 누가 봐도 프로페셔널한 사람들의 비결은 지능이 높아서가 결코 아닙니다. 이들은 긍정적 정서로 무장된 회복 탄력성이 높은 사람들입니다. 지금껏 환경을 탓하고 내 머리를 탓하며 소심해져 있었나요? 그렇다면 이제부터는 불필요하게 낭비했던 나의 감정적 에너지를 긍정적 에너지로 바꾸는 데 힘쓰셨으면 합니다.

# 생각 정리의 힘

© 심은정, 2021

초판 1쇄 2021년 11월 23일 찍음
초판 1쇄 2021년 12월  1일 펴냄

지은이 | 심은정
펴낸이 | 이태준

기획·편집 | 박상문, 고여림
디자인 | 최진영
관리 | 최수향
인쇄·제본 | 제일프린테크

펴낸곳 | 북카라반
출판등록 | 제17-332호 2002년 10월 18일

주소 | (04037) 서울시 마포구 양화로7길 6-16 서교제일빌딩 3층
전화 | 02-486-0385
팩스 | 02-474-1413

ISBN 979-11-6005-101-8 03190
값 16,000원

북카라반은 도서출판 문화유람의 브랜드입니다.
저작물의 내용을 쓰고자 할 때는 저작자와 북카라반의 허락을 받아야 합니다.
파손된 책은 바꾸어 드립니다.